RÈGLEMENT

PROVISOIRE

SUR LE

SERVICE DE LA CAVALERIE

ET DES DRAGONS

EN CAMPAGNE.

A PARIS,

DE L'IMPRIMERIE ROYALE.

M. DCCLXXVIII.

✿✿✿✿✿✿✿✿✿✿✿✿✿✿✿✿✿✿✿✿✿✿✿

TABLE DES TITRES

Contenus dans ce Règlement.

REGLEMENT

RÈGLEMENT

PROVISOIRE,

SUR LE

SERVICE DE LA CAVALERIE

ET DES DRAGONS en Campagne.

LA nouvelle conſtitution des Troupes, exigeant une nouvelle Ordonnance de ſervice de campagne, Sa Majeſté a fait rédiger proviſoirement le préſent Règlement, afin qu'étant mis à l'épreuve dans les camps qu'Elle ſe propoſe de faire raſſembler, on puiſſe profiter de toutes les obſervations de l'expérience, pour lui donner enſuite, ſous la forme d'Ordonnance, toute la perfection dont cet important ouvrage eſt ſuſceptible.

TITRE PREMIER.

Des préparatifs de Campagne, & des Équipages des Officiers supérieurs & subalternes.

ARTICLE PREMIER.

LORSQUE les régimens devront entrer en campagne, Sa Majesté donnera ses ordres pour qu'ils soient pourvus de tentes, manteaux d'armes, chevaux de compagnies, marmites, gamelles, outils, troussières, cordes-à-piquet & autres menus ustensiles.

2.

CHAQUE compagnie de Cavalerie, Dragons, Chevaux-légers ou Chasseurs, aura un nombre de tentes proportionné à sa force, à raison de sept hommes par tente; il y aura une de ces tentes pour les bas Officiers de la compagnie.

3.

LES tentes seront d'une bonne toile bien serrée, de forme ronde & à un seul mât; elles auront dix pieds de diamètre.

4.

IL y aura un manteau d'armes pour la garde du camp de chaque régiment, ce manteau d'armes sera d'un coutil fort & serré, de forme ronde, & assez ample par le bas pour croiser d'un pied, de manière à bien couvrir les armes.

5.

LES tentes seront marquées en caractères noirs, du nom du régiment & du numéro de la compagnie, qui étant une fois établi, ne sera plus changé, quelque rang que tienne la compagnie dans le régiment: on marquera de même les manteaux d'armes des gardes du camp.

6.

IL y aura un cordeau par régiment, pour marquer le

front du camp de chaque escadron, & un autre pour en
marquer la profondeur; ces cordeaux, dont la longueur sera
proportionnée à la force des escadrons, seront divisés par
toises & demi-toises, & désigneront de plus les endroits où
les fourches des tentes devront être placées.

7.

CHAQUE compagnie aura deux chevaux destinés à porter
les tentes, mâts, piquets, marmites & gamelles; ces chevaux
seront choisis assez forts pour porter un poids de trois ou
quatre cents livres, ils seront achetés au compte de Sa Majesté,
& ne feront point nombre dans les chevaux de la compagnie.

8.

CES deux chevaux seront placés au piquet de la compagnie
le plus près des cuisines; ils seront conduits & soignés par un
Cavalier, lequel ne fera point également nombre dans la
compagnie. En conséquence, du jour où les chevaux de
compagnie seront achetés, ce Cavalier sera employé dans les
revues & payé par Sa Majesté sur le pied & sous le nom de
surnuméraire.

Dans les marches, tous les chevaux de compagnie du
régiment se réuniront pour que les surnuméraires qui les
conduisent puissent au besoin s'aider entr'eux.

9.

LES marmites de cuivre étant sujettes au vert-de-gris, elles
seront désormais de fer battu, il en sera donné une de huit
en huit hommes, ainsi qu'une gamelle.

10.

IL y aura aussi par chaque tente ou chambrée, une pelle,
une pioche, une serpe & une hache.

11.

LA pelle aura sept pouces quatre lignes de hauteur, sur six
pouces neuf lignes de largeur par le haut, & cinq pouces
six lignes au tranchant. La douille sera de trois pouces six
lignes, & le manche, depuis la douille jusqu'à son extrémité,
aura un pied onze pouces.

I 2.

LA pioche aura neuf pouces six lignes de longueur, & deux pouces six lignes du côté du tranchant; & le manche sera de deux pieds trois pouces quatre lignes.

I 3.

LA serpe aura huit pouces sept lignes de longueur, trois pouces de largeur par le bout, & deux pouces deux lignes du côté du manche, qui aura quatre pouces neuf lignes.

I 4.

LA tête de la hache aura deux pouces en tout sens, la distance de la tête au taillant sera de sept pouces deux lignes, & la largeur du taillant de trois pouces; le manche, non compris la tête, aura un pied dix pouces.

I 5.

L'ÉPAISSEUR de ces outils sera proportionnée à la longueur, & telle que, sans être trop pesans, ils aient la force convenable à l'usage auquel ils sont destinés.

I 6.

CES outils seront contenus dans des étuis de peau de vache non noircie, fermans à deux boucles & attachés à une courroie large d'un pouce. Dans les marches ces outils seront portés par les Cavaliers tour-à-tour.

I 7.

ON fera dans les premiers camps qui seront assemblés, diverses épreuves pour constater la manière la plus avantageuse de charger & de paqueter les chevaux, & d'après leur résultat, il sera dressé une Instruction particulière à laquelle chaque régiment se conformera.

I 8.

CHAQUE Cavalier sera pourvu d'un piquet ferré par les deux bouts, pour attacher son cheval.

I 9.

CHAQUE chambrée sera pourvue d'un baril, ainsi que des mâts brisés & piquets nécessaires pour tendre la tente.

20. SOIT

5

20.

Soit que ces fournitures soient faites des magasins du Roi, ou par les soins du Conseil d'administration des régimens, les Colonels veilleront avec attention à ce qu'ils soient de la meilleure qualité, & en rendront compte aux Officiers généraux lors de leurs revues.

21.

Ils veilleront à ce que chaque compagnie prenne le plus grand soin desdites fournitures. Sa Majesté les en rendant responsables, & ordonnant que celles qui se perdront ou se détruiront par la négligence du Cavalier, soient payées sur sa masse.

22.

Ils tiendront la main à ce que les Cavaliers & Dragons soient distribués par tente, de manière que l'ordre intérieur des compagnies subsiste dans le camp comme dans les quartiers.

23.

Ils feront des revues du linge & des effets du Cavalier, & les réduiront exactement, non compris ce qu'ils auront sur le corps, à ce qui sera prescrit dans l'Instruction annoncée à *l'article 17*.

24.

On exercera les Cavaliers à seller, charger leurs chevaux, & monter à cheval au premier signal, avec la plus grande promptitude, & sans avoir été prévenus auparavant de l'heure où cela leur seroit ordonné.

25.

On les fera monter souvent à cheval avec leur équipement & on leur fera faire d'abord une lieue, & ensuite plusieurs, pour accoutumer les Cavaliers aux marches d'armée, & pour mettre les chevaux en haleine. On fera quelquefois ces marches dans le milieu du jour pour habituer les hommes & les chevaux à supporter la chaleur.

b

26.

ON apprendra aux Cavaliers à ficeler du fourrage, en leur faifant obferver de le ficeler fin & ferré, de manière qu'il faffe le plus petit volume poffible.

27.

PENDANT que tout ce qui a été prefcrit ci-deffus s'exécutera, les Officiers fupérieurs & fubalternes fe pourvoiront des équipages néceffaires pour entrer en campagne.

28.

ILS auront attention de ne porter avec eux, que ce qui leur fera exactement néceffaire; l'intention de Sa Majefté étant, en cas que leurs équipages foient pris fans qu'ils en foient caufe, de ne les dédommager que des effets qui leur étoient indifpenfables.

29.

LES Brigadiers & Meftres-de-camp, pourront avoir une voiture à deux roues, le Chirurgien-major pourra auffi en avoir une; de cette forte, fix Officiers malades ou bleffés par régiment, pourront au befoin, être tranfportés dans ces deux voitures.

30.

IL y aura outre cela, par régiment de Cavalerie ou de Dragons, un chariot attelé de quatre bons chevaux, pour porter des effets de remplacement à l'ufage du Cavalier; ce chariot & les chevaux feront achetés & entretenus au compte du Roi.

Ces chariots, ainfi que tous ceux qui feront dans les armées, feront à timon, & les chevaux attelés deux à deux.

31.

NUL autre Officier que ceux nommés ci-deffus, ne pourra avoir aucune efpèce de voiture à roue.

32.

IL fera permis aux Officiers fupérieurs & fubalternes, d'avoir le nombre de chevaux marqués ci-après, compris ceux des voitures permises; & ils ne pourront l'excéder sous quelque prétexte que ce soit:

SAVOIR;

	chevaux.
Au Brigadier...	20.
Au Meftre-de-camp-commandant...................	16.
Au Meftre-de-camp en fecond......................	12.
Au Lieutenant-colonel...............................	10.
Au Major..	8.
Au Capitaine-commandant...........................	7.
Au Capitaine en fecond..............................	6.
Au Lieutenant..	4.
Au Sous-lieutenant..................................	4.
Au Quartier-maître, y compris un cheval de bât pour la caiffe & les papiers du détail....................	4.
Au Porte-étendard...................................	3.
Au Quartier-maître..................................	3.
Au Chirurgien-major................................	3.
A l'Aumônier...	2.
Pour le chariot des effets de remplacement.........	4.

Il fera indépendamment de cela permis au Maréchal-expert & au Maître fellier, d'avoir entre eux deux, une voiture à deux roues, attelée de deux bons chevaux.

33.

IL fera permis par régiment de Cavalerie ou de Dragons, un Vivandier avec un chariot à quatre roues, attelé de quatre bons chevaux.

34.

IL fera de plus permis par régiment, un Boucher & un Boulanger, lefquels s'arrangeront pour avoir en commun, un chariot attelé de même, de quatre bons chevaux.

35.

TOUS les autres Vivandiers attachés aux régimens, n'auront que des chevaux de bât, & il n'en fera permis que huit par régiment.

36.

IL ne fera fouffert à la fuite des régimens, aucune femme qui ne faffe le métier de blanchiffeufe.

37.

LES Brigadiers, Meftres-de-camp & autres Officiers des régimens, ne pourront fubftituer des chariots à la place de ceux des Vivandiers, Bouchers & Boulangers qu'ils n'auroient pas à leur fuite.

38.

LES voitures & chariots, feront marqués du nom du régiment & de celui à qui ils appartiendront, ou de l'ufage auquel ils feront deftinés.

39.

IL y aura fur le premier mulet de l'équipage du Colonel, un fanion d'étoffe de laine, où fera marqué le nom du régiment.

40.

LES Meftres-de-camp tiendront la main à ce que dans leurs régimens, les Officiers, les Vivandiers, &c. fe conforment à ce qui eft marqué ci-deffus, & ils en répondront perfonnellement.

41.

LE lendemain de la formation des brigades, les Brigadiers feront la revue des équipages, Vivandiers, &c. de celles qu'ils commanderont; & ils répondront enfuite pendant toute la campagne, des contraventions qui pourroient y arriver fur cet article.

Les Majors de brigade, feront auffi chargés d'y tenir la main & d'en rendre compte au Maréchal général des logis de la Cavalerie.

42.

LES Équipages des Officiers généraux & la police des Tables des Officiers de tous grades, feront réglés au *Titre XXVII.*

TITRE II.

TITRE II.

Des Revues d'entrée de Campagne.

ARTICLE PREMIER.

Avant que les régimens entrent en campagne, les Officiers généraux chargés de leur revue, examineront avec soin s'ils sont en état de tout point.

2.

Ils se feront rendre un compte exact des fournitures qui auront été faites, & en examineront la qualité.

3.

Si ces fournitures se trouvent d'une mauvaise espèce, & qu'elles aient été faites par le Roi, ils en rendront compte au Secrétaire d'État ayant le département de la guerre, pour qu'il puisse y être remédié à l'avenir. Si elles l'ont été par les soins des régimens, & que ce soit la faute de leur Conseil d'administration, ils en rendront pareillement compte, afin que ces derniers en soient rendus responsables, ainsi qu'il plaira à Sa Majesté de l'ordonner.

4.

Ils marqueront les Cavaliers & chevaux trop foibles ou trop jeunes, pour soutenir les fatigues de la campagne.

5.

Les Cavaliers & chevaux malingres, ou trop jeunes pour soutenir les fatigues de la campagne, seront laissés aux ordres d'un Officier ou bas Officier, suivant leur nombre, au dépôt des recrues & remontes du régiment, pour s'y fortifier ou s'y rétablir, & rejoindre leur corps à la fin de la campagne, ou plus tôt suivant les circonstances.

6.

Cette précaution importante à la conservation des hommes & des chevaux, sera renouvelée à toutes les revues d'entrée de campagne.

C

7.

IL sera obfervé par les Troupes, lors de ces revues, quant à la manière de fe former & de recevoir les Officiers généraux & les Commiffaires des guerres, ce qui eft prefcrit dans l'Ordonnance *des manœuvres des Troupes à cheval.*

8.

LES Officiers généraux chargés des revues, feront auffi l'infpection des équipages des Officiers & des voitures de Vivandiers, &c. pour examiner fi tout eft dans l'ordre prefcrit au Titre précédent, & ils feront rectifier ce qui pourroit n'y être pas conforme.

TITRE III.

De la marche des régimens pour fe rendre à l'armée.

ARTICLE PREMIER.

LORSQU'UN régiment aura reçu les ordres de partir, pour fe rendre dans des cantonnemens voifins du lieu où l'armée doit camper en front de bandière, ou pour marcher en droiture au camp, il fera obfervé ce qui fuit.

2.

LE Commandant du régiment donnera la veille, l'ordre du départ du logement ou campement, des éclopés, des équipages, & de leurs efcortes, dans lequel feront indiqués les rendez-vous où ils devront s'affembler.

3.

SI c'eft pour aller cantonner, le logement fera compofé, ainfi qu'il eft prefcrit dans l'Ordonnance *du fervice des places & quartiers,* à l'article *des marches* dans le Royaume; les fonctions qui y font attribuées aux Officiers-majors étant remplies par des Capitaines ou Officiers fubalternes: Si c'eft pour fe rendre au camp, le campement fera conforme à ce qui fera réglé ci-après au *Titre VII.*

11

4.

LE régiment s'assemblera, se formera & exécutera sa marche, conformément à ce qui est prescrit dans l'Ordonnance *des manœuvres de la Cavalerie.*

5.

LES Équipages marcheront à la suite du régiment; le Commandant en règlera l'escorte, suivant leur nombre & le danger qu'il pourroit y avoir qu'ils ne fussent attaqués.

Il sera choisi par le Mestre-de-camp, un Brigadier intelligent, pour être Vaguemestre & conduire les équipages.

6.

LES éclopés seront conduits par des Officiers ou bas Officiers, suivant leur nombre, & marcheront, autant qu'il se pourra, à la suite des campemens.

7.

ENFIN on observera dans cette marche, pour la police & la discipline, toutes les précautions prescrites dans les marches de l'intérieur du royaume; & le Commandant pourvoira à toutes celles que le voisinage plus ou moins grand des ennemis exigera pour la sûreté.

TITRE IV.

Des cantonnemens d'entrée de campagne.

ARTICLE PREMIER.

LE régiment, en arrivant dans le cantonnement qui lui aura été marqué, observera pour s'y établir, s'y garder & y subsister, tout ce qui sera ordonné ci-après sur ces objets, au *Titre XXXIX, des cantonnemens de la fin de la campagne.*

2.

LE Commandant du régiment, profitera du temps qu'il demeurera dans ce cantonnement, pour l'exercer à tout ce

qui est prescrit aux *articles 26, 27 & 28 du Titre I.er, des*
préparatifs de campagne.

3.

DU jour que le régiment sera arrivé dans son cantonnement, chaque Cavalier aura toujours, jusqu'à ce qu'il
rentre en quartier d'hiver, son porte-manteau attaché sur la
selle, & la bride de son cheval passée à la fonte du pistolet,
son sabre, son mousqueton, & ses bottes ensemble, afin
qu'au premier signal ou en cas d'alarme, il puisse monter
à cheval, le plus promptement possible, armé & équipé de
tout point, & se rendre de même au lieu d'assemblée
indiqué pour la compagnie.

4.

ON fera exercer les équipages à être chargés & attelés
le plus diligemment qu'il sera possible, & à se rendre
promptement au rendez-vous qui leur aura été marqué, en
cas d'alarme. Pour cela, les Officiers observeront toujours
d'avoir leurs ballots tous faits, & leurs voitures chargées.

Les Surnuméraires chargeront en même temps les chevaux
des tentes, & les conduiront au rendez-vous indiqué.

5.

LES Commandans des régimens feront sonner souvent *à
cheval*, tant de jour que de nuit, sans les en avoir prévenus,
& feront punir sévèrement ceux qui seroient négligens à
exécuter ce qui est prescrit ci-dessus.

6.

TOUT régiment qui sera cantonné dans un même quartier,
devra être à cheval, prêt à partir & à combattre en huit
minutes, & les équipages en dix.

7.

TOUTES les fois qu'on sonnera *le boute-selle*, ou dans
les cas d'alarme, la garde de police se rendra au lieu où sera
déposée la caisse, & ne la quittera pas qu'elle ne l'ait remise
à l'escorte des équipages, & qu'elle ne soit en sûreté.

TITRE V.

TITRE V.

De la formation des Brigades.

ARTICLE PREMIER.

LES régimens destinés à servir en campagne, seront mis en brigades, s'il se peut, à leur arrivée dans les cantonnemens qui leur seront assignés près du lieu où l'armée devra s'assembler en front de bandière, ou en arrivant au premier camp.

2.

TOUTES les brigades seront composées, autant qu'il se pourra, de deux régimens ou dix escadrons.

Les plus anciens régimens seront chefs de brigades & en prendront la droite, soit pour se mettre en bataille, pour marcher ou pour camper.

Cet ordre sera renversé à l'aile gauche.

3.

LES escadrons d'un même régiment, prendront entre eux le rang & l'ordre prescrit dans l'Ordonnance *des Manœuvres*. Cet ordre sera renversé dans les brigades qui formeront la gauche des ailes de chaque ligne.

4.

CHAQUE brigade sera commandée par le plus ancien Mestre-de-camp-brigadier des régimens qui la composent; lorsqu'il n'y en aura pas, le Général y en attachera un à son choix; & au défaut de Brigadier, le plus ancien Mestre-de-camp de la brigade la commandera.

5.

LE Major titulaire, le plus ancien de commission de Major, sera Major de la brigade; & en son absence, le Major du second régiment en fera les fonctions.

d

6.

S'IL n'y a pas de Major dans la brigade, il y sera
suppléé par le Capitaine - commandant, le plus ancien de
commission.

TITRE VI.

Des Escadrons de Chevaux-légers & de Chasseurs.

ARTICLE PREMIER.

DU jour que les brigades seront formées, les escadrons
de Chevaux-légers & de Chasseurs, seront destinés à servir
hors de ligne toutes les fois que le Général le jugera à
propos.

2.

A cet effet ils ne contribueront plus dès-lors au service
de leur régiment, à moins qu'il ne fût détaché seul & hors
de ligne.

3.

ON déterminera relativement au pied momentané où se
trouveront les compagnies, le nombre effectif auquel devront
être portés, une fois pour toute la campagne, les escadrons
de Chevaux-légers ou de Chasseurs lorsqu'ils seront détachés; ce nombre sera toujours fixé au-dessous de la force de
ces compagnies, afin qu'autant qu'il sera possible, elles puissent
le fournir; & quand elles ne le pourront pas, il y sera
suppléé par des Postiches tirés des autres compagnies,
lesquels y rentreront à la fin du détachement.

4.

LORSQUE les escadrons de Chevaux-légers ou de Chasseurs, seront détachés, ils seront campés & rangés entr'eux
dans le même ordre que leurs régimens le font dans leurs
brigades, & leurs brigades dans la ligne.

5.

LE Général choisira, lorsqu'il le jugera à propos, des

15

Brigadiers qui ne commanderont point des brigades ou des Officiers supérieurs pour commander les escadrons de Chevaux-légers ou de Chasseurs, lorsqu'ils seront détachés.

6.

TOUTES les fois qu'on sonnera *le boute-selle*, ou en cas d'alarme, les escadrons de Chevaux-légers ou de Chasseurs monteront promptement à cheval, & se porteront cent pas en avant de la brigade pour y attendre les ordres qui leur seront donnés.

TITRE VII.

Du Campement.

ARTICLE PREMIER.

LORSQU'UN régiment arrivera dans le lieu le plus à portée de celui où il devra camper, le Commandant dudit régiment donnera avis de son arrivée au Général de l'armée, & le Major en informera le Maréchal général des logis de la Cavalerie ou le Major général des Dragons.

2.

LORSQUE le Commandant du régiment aura reçu l'ordre de se rendre au camp, il fera partir à l'avance pour aller au campement, l'Adjudant du régiment avec le Fourrier, deux Brigadiers & un Cavalier par compagnie; les Cavaliers porteront les cordeaux, & les Brigadiers se pourvoiront de fiches.

3.

CES campemens seront munis en outre de cinq fanions par régiment pour marquer & aligner le camp; sur ces fanions seront écrits le nom du régiment & le numéro de l'escadron.

Ces fanions seront hauts de six pieds & ferrés par le bas.

4.

IL sera commandé, pour marcher avec ces campemens, un Capitaine & un Lieutenant ou Sous-lieutenant par régiment;

& lorsque les brigades feront formées, il n'en marchera que le même nombre fur la brigade.

5.

Les nouvelles gardes marcheront toujours à la fuite des campemens.

6

Les Majors de brigades n'iront plus au campement; le fecond Major de la brigade y marchera, & à fon défaut le Capitaine de campement remplira les fonctions.

7.

Aucun autre que les Officiers, Fourriers, Brigadiers & Cavaliers défignés ci-deffus, n'ira au campement.

8.

Dans la faifon où la terre fera couverte, il fera commandé quatre Cavaliers & deux Valets par efcadrons avec des faulx pour marcher à la fuite des campemens afin de faucher le terrein du camp auffitôt qu'il fera marqué.

L'Adjudant du régiment aura foin de les faire marcher en règle, & de configner aux Sentinelles qui feront placées autour du terrein du camp, de n'en laiffer fortir aucun.

9.

Il marchera toujours avec les campemens de l'armée, un détachement de la Prévôté.

10.

S'il fe trouve des convalefcens dans les régimens, ils marcheront à la queue des campemens, à moins d'un ordre contraire, & feront conduits par des Officiers & bas Officiers proportionnés à leur nombre, qui feront refponfables de ceux qui pourroient s'écarter dans la marche.

11.

Aucune voiture ni chevaux de bât, ni Valets, excepté un feul par Officier de campement, ne pourront marcher avec les campemens; le détachement de la Prévôté arrêtera tous ceux qui s'y trouveront. Les Valets feront punis au quartier général

par

par les Caporaux de la Prévôté; & il sera payé de plus par
le maître un écu d'amende par cheval.

TITRE VIII.
De la forme du Camp.

ARTICLE PREMIER.

ON ne s'assujettira plus à camper toute la Cavalerie sur
des lignes droites, lorsqu'un léger changement dans les points
de direction, pourra lui faire gagner des commodités & la
mettre à portée de son champ de bataille, ou des débouchés
de marche du lendemain.

Lorsqu'il y aura quelques terreins bas ou marécageux, on
les laissera en intervalle, étant essentiel de camper les Troupes
dans des terreins secs. On évitera même, autant qu'il se pourra,
de camper dans les prairies, l'humidité étant très-mal saine
pour les hommes & les chevaux.

2.

QUAND l'alignement du camp aura été réglé sur des
points de vue donnés, on marquera le camp de l'aile droite
ou gauche de la Cavalerie, suivant le côté par lequel on
commencera; & après que l'Infanterie aura marqué son camp,
on marquera celui de l'autre aile de Cavalerie : on laissera
toujours vingt-cinq toises ou cinquante pas d'intervalle entre
les ailes de Cavalerie & d'Infanterie.

3.

AFIN que l'uniformité soit plus grande dans le front du
camp des régimens, au lieu de le faire marquer par le pas
des Fourriers qui les font les uns plus grands, les autres plus
petits, on le marquera toujours avec le cordeau; un Fourrier
en tiendra un bout & demeurera fixe à la première fiche de son
régiment, jusqu'à ce qu'un autre Fourrier qui portera l'autre bout
du cordeau se trouve l'avoir tendu: on y placera une seconde

c

fiche, & on répètera fucceffivement cette opération pour marquer le camp de tous les efcadrons.

4.

LE Maréchal général des logis de la Cavalerie, diftribuera aux Majors de campement, leur terrein, & ceux-ci le diftribueront à chaque efcadron.

5.

LES Officiers de campement, environneront enfuite le terrein de leur brigade, de Sentinelles tirées des Cavaliers qui auront marché au campement pour fervir à cet ufage, afin qu'aucun Fourrier ni Cavalier ne puiffe s'écarter. S'il fe trouvoit des puits, des fontaines, des magafins ou des abreuvoirs, dans le terrein du camp ou à portée, ils y feront auffi placer des Sentinelles; ces Sentinelles feront relevées à l'arrivée des Troupes, par des Cavaliers de la garde du camp.

6.

SI le terrein obligeoit de faire quelques changemens dans les points de direction lorfqu'on fera parvenu à l'angle ou coude du front de bandière, fi cet angle eft faillant, on laiffera cinquante pas ou vingt-cinq toifes d'intervalle, entre les camps des deux efcadrons qui en feront les plus proches, de manière que la queue de chacun de ces camps, n'anticipe pas fur celle de l'autre.

7.

LES camps des efcadrons d'un même régiment & d'une même brigade, feront marqués dans le même ordre qu'ils devront être en bataille.

8.

L'INTERVALLE d'une ligne à l'autre, fera toujours de cent cinquante toifes ou trois cents pas.

9.

LES efcadrons camperont par demi-compagnie ou par quart de compagnie, fuivant l'étendue du terrein & le front que le Général jugera à propos de donner à fon camp.

19

10.

IL sera donné quinze toises ou trente pas par escadron, lorsqu'il campera par demi-compagnie, & trente toises ou soixante pas lorsqu'il campera par quart de compagnie.

11.

ON ne laissera aucun intervalle entre les escadrons du même régiment.

Il sera laissé un intervalle de six toises entre les deux régimens de la brigade, & un intervalle de dix toises entre chaque brigade.

Ces intervalles seront indépendamment du terrein fixé pour chaque escadron.

12.

LA première & la dernière tente de chaque demi-compagnie ou quart de compagnie, auront leur ouverture vers la tête & la queue du camp.

13.

LORSQUE l'on campera par demi-compagnie, chaque escadron formera une rue; quand on campera par quart de compagnie, chaque escadron formera deux rues.

14.

A cet effet, chaque escadron formera deux rangées de tentes quand on campera par demi-compagnie, & quatre quand on campera par quart de compagnie : ces rangées seront adossées l'une à l'autre, de manière à faire toutes face en dedans, l'une à droite & l'autre à gauche; & elles seront séparées alternativement par une grande rue de douze pas ou de trente-six pieds, & une petite d'un pas ou trois pieds : cette dernière sera destinée à l'écoulement des eaux, & l'autre aux piquets des chevaux qui seront placés sur une seule ligne, à deux pas ou six pieds de l'entrée des tentes, & les chevaux y faisant face.

15.

LORSQUE les compagnies de Chevaux-légers ou de

Chaffeurs feront détachées, l'emplacement deftiné à les camper,

à la droite ou à la gauche du régiment, reftera vacant, à moins d'un ordre contraire.

16.

L'INTERVALLE entre les régimens & les brigades, foit qu'on campe par demi-compagnie ou par quart de compagnie, reftera toujours le même.

17.

QUAND on campera par demi-efcadron, la place du mât de la première tente de la compagnie de la droite, fi on marque le camp par la droite; ou celle du mât de la première tente de la compagnie de la gauche, fi on marque le camp par la gauche, fera marquée par une fiche qui fera placée à cinq pieds en-dedans de l'extrémité, & en arrière du cordeau du front du camp; chaque tente devant avoir dix pieds de diamètre. On comptera enfuite cinq pieds pour l'autre moitié de la tente, plus fix pieds d'intervalle jufqu'au piquet des chevaux; plus, depuis l'alignement du premier piquet de la première demi-compagnie, jufqu'au piquet des chevaux de la feconde demi-compagnie, cinquante-quatre pieds; plus, onze pieds jufqu'à l'emplacement du mât de la feconde rangée de tentes de la compagnie; & enfuite cinq pieds pour la feconde moitié de tente, & trois pieds pour la petite rue: ce qui donnera pour le total de l'efcadron, un réfultat de quinze toifes: cette opération fera répétée d'efcadron en efcadron.

Il fera pratiqué dans chaque petite rue, une rigole pour l'écoulement des eaux.

18.

LORSQU'ON campera par quart de compagnie, le camp fera marqué par la même opération; chaque compagnie formant alors quatre rangées de tentes & de piquets, & occupant par conféquent trente toifes.

19.

POUR que cette opération de marquer le camp, foit à la fois

21

la fois prompte & facile, les régimens feront arranger à l'avance deux cordeaux pour ces deux différentes dimenfions de camp; ces deux cordeaux feront étiquetés aux diftances prefcrites ci - deffus, de petits morceaux d'étoffe rouge qui défigneront la place des fiches: il en fera ufé de même pour le cordeau deftiné à marquer la profondeur du camp.

20.

LE cordeau qui devra marquer la profondeur du camp, fera placé perpendiculairement à celui du front, fur l'aligne-ment que la première compagnie devra former, auquel les autres compagnies fe conformeront.

21.

LA place du mât de la feconde tente, y fera marquée à quatre toifes du cordeau du front du camp, & les mâts des tentes fuivantes à la même diftance l'un de l'autre: il en fera de même pour toutes les compagnies.

22.

LES piquets des chevaux feront plantés onze pieds en avant du mât des tentes; le premier piquet fera placé à hauteur du mât de la première tente de chaque rangée: on laiffera un intervalle d'une demi-toife entre les chevaux de chaque chambrée, pour le paffage des Cavaliers.

23.

ON mettra les fourrages dans l'intervalle des tentes de chaque compagnie; & la dernière chambrée, pour éviter les accidens du feu, à caufe de la proximité des cuifines, les placera entre fa tente & celle de la chambrée précédente.

24.

LES places des cuifines feront à fix toifes de la dernière tente des Cavaliers, & les foyers feront dans le même alignement.

25.

CELLES des tentes des Vivandiers, à cinq toifes des cuifines.

f

26.

CELLES des tentes des Lieutenans, à huit toises de celles des Vivandiers; & celles des Capitaines, à dix toises de celles des subalternes: toutes dans le même alignement que celles des Cavaliers.

Les piquets des chevaux des Officiers, seront placés derrière leur tente, de manière que rien n'embarrasse l'intervalle des rues, qui doit être laissé libre.

27.

A l'égard des tentes des Officiers supérieurs des régimens, elles seront dix toises en arrière de celles des Capitaines, savoir; celle du Colonel-commandant, vis-à-vis le centre de son régiment; celle du Colonel en second, vis-à-vis le centre du premier escadron; celle du Lieutenant-colonel, vis-à-vis le centre du second; & celle du Major, à la gauche & en arrière du Colonel-commandant. Toutes ces tentes seront toujours placées dans l'alignement des tentes du Cavalier, sans masquer les rues.

28.

L'AUMÔNIER & le Chirurgien-major, ainsi que le Quartier-maître & l'Adjudant, camperont dans l'alignement des Officiers subalternes.

29.

LA tente du Capitaine aura, savoir; la mansarde, sept pieds quarrés, sur neuf de haut; la longueur de la marquise, depuis le bord du parasol jusqu'au fond du cul-de-lampe, sera de dix-huit pieds, y compris les quatre pieds & demi depuis le parasol jusqu'au mât d'entrée. Il régnera au pourtour, deux pieds d'intervalle entre les murailles de la marquise & celles de la mansarde: le cul-de-lampe aura six pieds & demi de profondeur.

30.

LA tente des Lieutenans & Sous-lieutenans aura la même dimension. Il pourra seulement être pratiqué un cabinet de trois pieds dans le cul-de-lampe.

23

3 1.

LE Major de brigade campera dans l'intervalle de dix toifes, laiffé d'un régiment à l'autre au centre de la brigade, près le front de bandière.

Le Brigadier campera dans le même intervalle, derrière le Major de brigade.

3 2.

AU moyen des deux formes de camp établies ci-deffus, on pourra, fuivant les circonftances, étendre ou refferrer le front du camp : l'un fera avantageux dans les camps de féjour, pour la commodité & la falubrité ; & l'autre, dans les camps de paffage, pour diminuer la fatigue des Troupes & gâter moins de fourrage.

3 3.

LA Cavalerie étant campée par demi-compagnie, lorf-qu'une brigade de la ligne fera détachée, & que le Général jugera à propos d'en remplir le vide, la brigade voifine dédoublera & occupera fon terrein, en campant par quart de compagnie.

Lorfque les efcadrons de Chevaux-legers ou de Chaffeurs, feront détachés, & qu'on jugera à propos d'en remplir le vide, pour cacher le départ de ces détachemens à l'ennemi, on pourra faire remplir le terrein par les efcadrons voifins, en les faifant camper par quart de compagnie.

Il s'enfuit de-là que toutes les fois qu'on fera en activité de mouvement, la forme du camp par demi-compagnie devra toujours être préférée.

3 4.

POUR éviter toute difficulté fur la fixation du terrein de chaque brigade, fa largeur fera comptée, à l'égard de celles qui feront campées en première ligne, depuis l'alignement de l'encoignure de la première tente de la droite, jufqu'à celui de la première tente de la brigade fuivante ; & fa profondeur, depuis la hauteur des gardes du camp de l'In-fanterie, jufqu'à quatre-vingts toifes en arrière.

Quant aux brigades de la seconde ligne, leur terrein s'étendra sur la même largeur, depuis leur front de bandière, jusqu'à deux cents toises en arrière.

35.

LE camp étant marqué, les Fourriers, les Brigadiers de campement & les Sentinelles, empêcheront que les Troupes ne passent ailleurs que par les grands intervalles.

36.

AUCUN Officier, même les Brigadiers & Majors de brigade, ne pourront se loger, eux, leurs chevaux, domestiques ou équipages, quand même il y auroit des maisons vides dans le terrein de leur brigade, à moins qu'ils n'en aient obtenu une permission par écrit du Maréchal général des logis de la Cavalerie, qui prendra à cet effet l'ordre du Général, & en enverra ensuite une note au Maréchal général des logis de l'armée, pour qu'il leur soit marqué un logement en conséquence.

37.

LORSQU'ON verra arriver la tête des Troupes qui devront camper, le Major qui aura marqué le camp, fera partir les Officiers de campement; savoir, le Capitaine, pour aller au-devant de la brigade, le Lieutenant au-devant des menus équipages, & le Sous-lieutenant au-devant des gros.

38.

CES Officiers reconnoîtront avant de partir, les chemins par lesquels les Troupes & les Équipages pourront entrer dans le camp, sans embarras.

TITRE IX.

TITRE IX.
De l'Établissement dans le Camp.

ARTICLE PREMIER.

Aussi-tôt que le camp sera marqué, dans la saison où la terre est couverte, les faucheurs travailleront à saucher le camp. Ils commenceront à saucher le front de bandière, sur cinq toises de hauteur depuis les fiches d'alignement. On leur fera observer de saucher également le terrein, de manière que le grain qui restera sur pied en avant, soit aligné pareillement au front de bandière.

2.

Les Officiers de campemens auront soin d'empêcher de gâter les grains & fourrages en marquant le camp; & lorsque les Troupes y entreront, ils consigneront aux sentinelles d'y avoir attention.

3.

Lorsque le terrein du front de bandière sera fauché, les faucheurs couperont le terrein du camp des Cavaliers, y compris les rues, intervalles & cuisines.

4.

Le fourrage qui se trouvera dans le front de bandière & dans le terrein du camp des Cavaliers, sera pour les compagnies; celui qui se trouvera dans le terrein des tentes des Officiers, sera pour les Officiers; & celui dans l'intervalle des cuisines aux tentes des Officiers, pour les Vivandiers.

5.

Les Valets des Officiers & les Vivandiers, faucheront diligemment, dès qu'ils seront arrivés, les terreins qui leur seront destinés.

6.

Les Officiers supérieurs des régimens, tiendront la main

g

à ce que tout le fourrage fauché foit ramaffé & confervé avec le plus grand foin, & qu'il n'en foit fait que la confommation néceffaire.

7.

LORSQUE la Cavalerie approchera du terrein de fon camp, les Trompettes fonneront, & les Cavaliers s'aligneront plus exactement.

8.

LES régimens continueront de marcher fur le même front qu'ils auront fait pendant la marche, & chaque divifion fe mettra fucceffivement en bataille.

9.

LES piquets fe porteront en avant du centre de leurs régimens, & s'y placeront comme il fera dit ci-après, au *Titre X, du Piquet.*

10.

LES défenfes ordonnées feront publiées par un ban à la tête de chaque régiment, une fois pour toutes, le premier jour de la campagne.

11.

LES bas Officiers & Cavaliers des gardes du camp, iront tout de fuite mettre leurs chevaux au piquet, & exécuteront enfuite ce qui eft prefcrit *au Titre XI, des gardes du camp.*

12.

LE Major fera partir les Cavaliers commandés pour être d'ordonnance.

13.

IL enverra pareillement le Vaguemeftre du régiment au Vaguemeftre général de l'armée, pour fe faire infcrire par lui fur l'état qu'il doit en tenir, ainfi qu'il fera dit ci-après, au *Titre XXVII, des Équipages.*

14.

PENDANT que tout cela s'exécutera, il ne fera permis à perfonne de quitter fon rang.

27
15.

LORSQUE le Commandant de la brigade ou du régiment aura reçu l'ordre pour faire entrer la brigade ou le régiment dans son camp, il fera exécuter ce mouvement ainsi qu'il est prescrit dans l'Ordonnance *des Manœuvres*.

On observera de faire entrer les Troupes dans le camp le plus tôt qu'il sera possible.

16.

DÈS que les Cavaliers auront mis pied à terre, les Commandans des compagnies feront planter diligemment les piquets des chevaux; le chef des chambrées placera les cordes, & les chevaux y seront attachés tout de suite sans être débridés.

17.

ALORS les surnuméraires ayant déchargé les chevaux des tentes, & porté à chaque chambrée celle qui lui appartient, les Cavaliers les déplieront, y placeront les mâts, & se tiendront prêts à les élever aussitôt que le signal en sera donné par un Trompette, qui se tiendra auprès du Major, au centre du régiment.

18.

LES Officiers des compagnies, auront attention que les mâts soient mis exactement à la place des fiches, & que les tentes soient toutes bien alignées, tant sur le front que sur la profondeur du camp.

19.

LES tentes étant tendues, les Cavaliers se mettront en veste & en bonnet, se débotteront, desselleront leurs chevaux, & arrangeront leurs harnois & leurs armes dans les tentes.

20.

AUCUN Officier ne pourra mettre pied à terre, ni quitter le terrein du camp de sa Troupe pour aller au sien, que tout ce qui est marqué ci-dessus n'ait été exécuté; les Officiers des compagnies tiendront la main à ce que l'on ait soin des chevaux qui n'ont point de maître, ainsi que de leurs harnois & des armes.

21.

ON assemblera ensuite les Cavaliers par compagnie, en nombre suffisant pour aller à l'eau, au bois & aux autres distributions, lesquels seront conduits en bon ordre, suivant leur nombre par des Officiers, bas Officiers & Cavaliers armés; cette escorte sera chargée de les contenir, & les ramènera en faisant leur arrière-garde.

22.

LES Officiers & bas Officiers feront ensuite balayer & aplanir les rues & la tête du camp.

23.

ILS empêcheront de faire du feu ailleurs qu'aux places marquées pour les cuisines & pour les forges.

24.

LES Brigadiers & tous les Officiers de l'État-major des régimens, resteront à cheval jusqu'à ce que le camp soit tendu, les Sentinelles placées & les Cavaliers partis pour les distributions.

25.

LES Brigadiers & Mestres-de-camp iront ensuite recon- noître les communications nécessaires à la droite & à la gauche du front du camp, ainsi que celles pour communi- quer avec la deuxième ligne s'ils sont placés en première, & avec la première s'ils sont campés en seconde ligne.

26.

ILS les ordonneront aux Officiers supérieurs, qui comman- deront sur le champ des hommes de corvée, en nombre suffisant pour les faire, & y feront travailler aussitôt sans égard au temps & à la fatigue. Ces communications seront faites le premier jour, larges de cinq toises & seront portées à trente dans les camps où on séjournera.

27.

CE travail des communications à faire entre les deux lignes & des terreins à aplanir, sera réparti également aux régimens

29

régimens des deux lignes. La distance d'une ligne à l'autre
sera mesurée depuis les quinze toises en avant du front de
bandière de la seconde ligne, jusqu'aux tentes des Officiers
supérieurs de la première, & cet espace sera divisé également
entr'elles.

Lorsque le travail des communications sera trop difficile
pour être fait avec les outils des régimens, le Major enverra
un Officier au parc d'Artillerie le plus prochain pour en
demander de plus forts, & il en sera donné sur le reçu de
l'Officier qui ira les prendre, & retirera son reçu en les
rapportant, sans quoi ils seront payés par le régiment.

Quand il y aura des ponts considérables à faire, ou d'autres
travaux de nature à ne pouvoir être exécutés que par des
compagnies d'Ouvriers, le Major en rendra compte au
Maréchal général des logis de la Cavalerie, qui en avertira
l'État-major général de l'armée, afin qu'il donne les ordres
nécessaires à l'Artillerie, pour la construction de ces ouvrages.

28.

A l'égard des communications à faire sur les flancs & le
long du front du camp, le terrein dont chaque régiment sera
chargé, contiendra depuis la première tente de la compagnie
Mestre-de-camp jusqu'à la première du régiment qui sera
campé à sa gauche, l'intervalle de l'un à l'autre étant censé
faire partie du terrein qui aura été distribué au premier pour
camper.

29.

UN Officier de piquet par brigade, ira reconnoître les
abreuvoirs pour faire mettre en état ceux qui seront prati-
cables & désigner ceux qui pourroient être dangereux.

30.

APRÈS que les Brigadiers & Mestres-de-camp auront
donné les ordres pour les communications, ils visiteront le
pays cinq ou six cents pas en avant du camp, s'ils sont campés
en première ligne; ou en arrière, s'ils sont en seconde ligne,
pour pouvoir placer les gardes nécessaires, & prendre les

h

précautions convenables pour la sûreté du camp ; après quoi ils feront rentrer le piquet.

Ces Officiers supérieurs ne pourront jamais mettre pied à terre ni quitter le camp qu'après avoir exécuté ce qui est prefcrit ci-deffus dans les articles qui les concernent.

31.

LES Chapelles feront conftruites vis-à-vis le centre du régiment, à hauteur de celles de l'Infanterie.

32.

ON fera creufer deux latrines par régiment, à hauteur de celles de l'Infanterie pour les Cavaliers, & deux autres pour les Officiers, vingt toifes en arrière de leurs tentes. Il fera configné aux Sentinelles du camp, d'empêcher que perfonne n'aille pour fes befoins ailleurs qu'aux latrines.

33.

ON mettra des appuis à la place où ces latrines auront été ouvertes, & on les entourera d'une feuillée ; tous les huit jours on en fera de nouvelles, & on comblera les anciennes qu'on marquera avec un jalon.

34.

DANS les régimens où il y aura des Bouchers, les Quartiers-maîtres leur indiqueront les terreins où ils devront fe placer pour qu'ils ne caufent point d'infection dans le camp, & les obligeront d'enterrer les entrailles des beftiaux qu'ils tueront.

35.

ON commandera pour toutes les corvées ordonnées ci-deffus, le nombre de Cavaliers néceffaires ; & lorfqu'il y en aura à punir pour des fautes ordinaires, on les emploira à ces travaux.

36.

IL fera commandé des bas Officiers, avec les Travailleurs, pour les conduire & faire exécuter ce qui leur aura été prefcrit ; & lorfque le nombre en fera confidérable, on y commandera des Officiers ; ceux de piquet feront particuliérement chargés

31

de veiller au travail des communications , & à la propreté
du camp.

37.

LE moment de l'arrivée des Troupes dans le Camp étant
le plus important pour empêcher le désordre , les Officiers
généraux attachés aux divisions y resteront jusqu'à ce qu'elles
soient établies.

38.

LES Majors des régimens , le premier jour qu'ils arriveront
au camp , & ensuite le premier jour de chaque mois , enverront au Maréchal général des logis de la Cavalerie , un état
exact de la force de leur régiment , & du nombre des Officiers
présens , dans lequel sera marqué leurs noms , leurs grades ,
& la date de leurs commissions ou brevets. Ils y spécifieront
aussi les noms , grades & ancienneté des Officiers absens ,
ainsi que les raisons de leur absence , & le lieu où ils sont.

39.

LES Majors enverront en même temps au Maréchal général
des logis de la Cavalerie , un état de ce qu'il y aura de poudre ,
de balles , de pierres à fusil dans leur régiment pour qu'il
leur en fasse donner la quantité nécessaire pour compléter
les cartouches.

TITRE X.
Du Piquet.

ARTICLE PREMIER.

L'ANCIEN service des piquets n'aura plus lieu dans la même
forme , & il y sera suppléé de la manière suivante.

2.

IL y aura journellement dans chaque compagnie, une
escouade de service, laquelle sera, pendant les vingt-quatre

heures, armée & équipée de tout point, & deſtinée à la fois à remplir les fonctions que faiſoient ci-devant les piquets, à garder le camp, & à fournir les gardes & détachemens qui pourroient être commandés.

3.

CES eſcouades, compoſées chacune d'un Brigadier & douze Cavaliers ou Dragons, formeront par régiment un piquet de quarante-huit hommes, non compris les quatre Brigadiers: ce piquet ſera commandé, dans chaque régiment, par un Capitaine & un Lieutenant ou Sous-lieutenant, avec un Maréchal-des-logis & un Trompette.

Les Capitaines-commandans & les Capitaines en ſecond, rouleront enſemble pour ce ſervice, ainſi qu'il ſera expliqué plus amplement au *Titre XVI.*

4.

LE Capitaine de piquet ſera ſpécialement chargé de la garde & de la police du camp du régiment, pendant les vingt-quatre heures.

5.

LES Officiers, bas Officiers, Cavaliers & Dragons de piquet, ſeront relevés tous les jours à l'heure de la garde.

6.

LES piquets étant ſpécialement deſtinés à fournir tous les détachemens qui pourroient être commandés dans les vingt-quatre heures, ils ſeront toujours tenus complets dans la proportion indiquée ci-deſſus; il y aura à cet effet dans chaque compagnie, indépendamment de l'eſcouade de ſervice qui compoſera le piquet, une autre eſcouade de même force, nommée pour être prête à marcher, & deſtinée à remplacer ſur le champ les eſcouades qui auront été tirées du piquet pour les gardes & détachemens: ces eſcouades, premières à marcher, ne feront d'ailleurs aucun ſervice, ne ſeront point habillées ni équipées, & n'auront d'autre aſſujettiſſement que celui de ne pas ſortir du camp.

7. LORSQUE

33

7.

LORSQUE l'escouade première à marcher, aura remplacé dans le piquet son escouade de service qui auroit marché, elle sera sur le champ remplacée par une autre, qui sera tenue de même de ne pas s'écarter du camp.

On aura attention d'égaliser dans les piquets, le service des escouades, de façon qu'il n'en marche jamais deux d'une même compagnie, que toutes celles du régiment n'aient fourni la leur.

8.

LES escouades premières à marcher, relèveront le piquet tous les jours à l'heure de la garde, elles seront remplacées le lendemain, soit qu'elles aient été employées ou non pendant les vingt-quatre heures.

9.

SI l'escouade de service d'une compagnie se trouve avoir marché à un détachement à poste fixe ou pour plusieurs jours, elle ne fournira plus d'escouades à un détachement de même nature, que la première ne lui soit rentrée, à moins toutefois que toutes les autres compagnies ne fussent dans le même cas; dans la première supposition, l'Adjudant chargé de commander le détachement, fera passer le tour de cette compagnie, & emploira son escouade à une garde ordinaire, c'est-à-dire de vingt-quatre heures seulement.

10.

TOUS les jours à l'heure de la garde, il sera tiré du piquet de chaque régiment, une garde du camp, dont le service sera détaillé dans le Titre suivant; cette garde sera composée de deux Brigadiers & de deux escouades, commandés par un Maréchal-des-logis: ces deux escouades seront remplacées immédiatement après qu'elles auront été tirées, conformément à *l'article 6.*

11.

LES Officiers de piquet étant spécialement chargés de la garde & de la police du camp, cette garde du camp sera à leurs ordres.

i

12.

Tous les détachemens qui pourront être commandés dans les vingt-quatre heures, feront tirés du piquet ou formés du piquet en totalité, fuivant leur force, & le piquet fera renouvelé ou complété en Officiers, bas Officiers, Cavaliers ou Dragons, à mefure qu'il fera employé.

13.

Les Officiers & bas Officiers, premiers & feconds à marcher, ne quitteront jamais le camp de leur régiment, afin de pouvoir être avertis & prêts à marcher auffitôt qu'ils feront commandés.

14.

Les piquets ne marcheront pas pour les Exécutions, on y enverra des détachemens armés, au tour des corvées, ainfi qu'il fera dit au *Titre XVI*.

15.

La tente du front de bandière de chaque demi compagnie fera toujours affectée à l'efcouade de fervice ou de piquet, laquelle, ainfi qu'il a été dit, devra toujours être habillée & prête à prendre les armes au premier ordre; les chevaux de cette efcouade feront, par la même raifon, placés dans chaque compagnie, à la tête du piquet, de manière à être réunis & à portée des Cavaliers de piquet, ils feront toujours fellés & prêts à brider.

16.

A l'arrivée au camp, fi la proximité de l'ennemi ou les circonftances l'exigent, les piquets feront placés en bataille au centre du camp de leurs régimens, en avant de l'alignement des faifceaux de l'Infanterie, s'alignant fur leur droite, & ils y demeureront une moitié à cheval, & l'autre à pied alternativement, jufqu'à ce que les Cavaliers qui auront été envoyés à l'eau, au bois & au fourrage, foient revenus; après quoi ils rentreront dans le camp.

17.

Tous les jours à l'heure de l'affemblée des gardes,

35

l'ancien & le nouveau piquet monteront à cheval, au centre
de la brigade, pour être inspectés par le Brigadier & l'État-
major de la brigade. Les nouveaux piquets prendront la droite
des anciens.

18.

L'INSPECTION étant faite, & les gardes montées, les
anciens & les nouveaux piquets rentreront dans le camp.

19.

UNE heure avant la retraite, les piquets monteront
à cheval, & seront inspectés de nouveau; ils rentreront ensuite
dans le camp.

20.

S'IL y avoit quelqu'alarme pendant la nuit, les piquets
monteroient promptement à cheval, & se porteroient à la
tête du camp de leurs régimens, où ils attendroient les ordres
des Officiers supérieurs de piquet, ou de leurs brigades.

21.

LES Officiers de piquet auront soin qu'une heure après
la retraite, les bas Officiers de la garde du camp fassent éteindre
les feux, rentrer les Cavaliers dans leurs tentes, faire sortir
ceux qui sont chez les Vivandiers, & arrêter toutes personnes
suspectes.

22.

LORSQUE les piquets iront à l'abreuvoir, ils y seront
conduits par moitié, par des Officiers & bas Officiers; on
observera que ce soit le matin après que les gardes seront
montées, avant de les faire rentrer au camp, & le soir avant
la retraite.

23.

LES jours de fourrage, les nouveaux piquets s'assembleront
au point du jour, ils placeront des vedettes à la tête & à la
queue du camp pour empêcher les Cavaliers & Valets de
sortir avant que les Fourrageurs n'aient reçu ordre de partir;
& ces mêmes jours après l'inspection, ils resteront à la tête
du camp, ayant toujours une division à cheval, jusqu'à ce

que les Fourrageurs foient revenus; enfuite ils rentreront dans le camp.

24.

LES jours de marche, les piquets monteront à cheval *au boute-felle*, entoureront le camp de vedettes pour empêcher qu'aucun Cavalier ni équipage n'en forte avant l'heure marquée; & lors du départ, ils feront relever leurs vedettes, & rejoindront le régiment.

25.

LORSQU'ON jugera néceffaire de renforcer, pour la nuit, les gardes du camp, on les augmentera fuivant le befoin d'une ou deux efcouades qui pafferont la nuit au bivouac. Les piquets y marcheront en entier, & pafferont de même la nuit au bivouac quand le Général l'ordonnera.

26.

QUAND il n'y aura point de bivouac ordonné, les piquets rentreront après la retraite, & les bas Officiers & Cavaliers qui le compofent, iront coucher dans les tentes du front de bandière.

27.

LES efcouades de bivouac & les détachemens qui feront tirés des piquets pendant la nuit, ne feront, à moins d'ordre contraire, remplacés que le lendemain à l'affemblée des gardes, dans le nouveau piquet qui fe formera.

28.

LORSQUE les piquets coucheront au bivouac, & que les Officiers généraux de jour, les Officiers fupérieurs de piquet, ou ceux de l'État-major de la brigade arriveront à portée d'eux, la vedette, dès qu'elle les découvrira, criera: *Qui vive!* Il fera répondu, *France:* elle demandera enfuite: *Quel régiment, & quel grade!* Quand l'Officier aura indiqué fon grade, la vedette l'arrêtera en criant: *Halte-là.* Alors un Brigadier & deux Cavaliers du piquet s'avanceront jufqu'à la vedette; le Brigadier le piftolet à la main, & les Cavaliers le moufqueton haut. Le Brigadier criera: *Avance, qui a l'ordre!* afin de recevoir le

mot

mot de l'Officier général ou supérieur. Ayant reçu le mot, & reconnu celui qui le lui aura donné, il enverra un Cavalier en rendre compte à l'Officier commandant le piquet, dont la troupe sera à cheval le sabre à la main. L'Officier s'avancera ensuite à six pas en avant de la vedette, escorté du Brigadier & de deux Cavaliers le mousqueton haut, & dira : *Avance à l'ordre*. L'Officier général ou supérieur s'avancera & recevra le mot de l'Officier commandant le piquet, qui lui fera voir ensuite son piquet.

29.

LORSQUE les régimens se mettront en bataille pour des revues, manœuvres ou actions de guerre, le piquet rentrera dans les compagnies.

30.

DANS les marches, le piquet marchera à la tête du régiment, lorsque les Chevaux-légers & Chasseurs seront détachés ; & lorsqu'ils seront au corps, le piquet restera dans les compagnies.

31.

LORSQUE le Maréchal général des logis de la Cavalerie, & les Officiers généraux de la division, ou le Commandant de la brigade le jugeront à propos, on exercera les piquets à la tête du camp, aux heures qu'ils indiqueront.

32.

LORSQUE, par les ordres du Général, ou de l'État-major général de la Cavalerie, les piquets seront exercés à la tête du camp après les gardes montées ; on exercera toujours le piquet sortant, & jamais le piquet entrant.

33.

LES piquets ne monteront jamais à cheval, sans un ordre exprès du Général, des Officiers généraux de jour ou de la Division, du Commandant de la Cavalerie, du Maréchal général des logis de la Cavalerie, des Aides-maréchaux généraux des logis, des Brigadiers & Officiers supérieurs de la brigade, ou en cas d'alarme.

k

34.

ILS ne rendront d'honneurs à personne ; mais lorfqu'ils auront à paroître, pour faire voir qu'ils font en état, les Cavaliers fortiront bottés, avec leurs bandoulières & leurs fabres, mais fans moufquetons, & ils fe mettront en haie dans les rues de leurs compagnies.

Les Officiers & bas Officiers fe placeront en avant des Cavaliers de leur compagnie.

35.

ILS fe préfenteront en cet état au Commandant de l'armée, aux Princes du Sang & Légitimés de France, aux Maréchaux de France, au Commandant de la Cavalerie, aux Officiers généraux de jour, & au Maréchal général des logis de la Cavalerie lorfqu'ils le demanderont.

36.

LORSQUE le Général de l'armée, les Princes du Sang & Légitimés de France, & les Maréchaux de France, pafferont le long du front du camp, les Cavaliers rempliront les rues en veftes & en bonnets, s'alignant fur le front de bandière.

TITRE XI.
Des Gardes du Camp.

ARTICLE PREMIER.

LA garde du camp de chaque régiment, fera compofée de deux efcouades, faifant vingt-quatre hommes, deux Brigadiers & un Trompette ; elle fera commandée par un Maréchal-des-logis fous les ordres des Officiers de piquet, qui, conformément à ce qui eft expliqué dans le Titre précédent, feront chargés de veiller à la police & difcipline du camp.

2.

CETTE garde fera le fervice à pied ; les Cavaliers, ainfi que les Brigadiers feront en bottes, armés de leur moufqueton & de leur fabre.

39

3.

ELLE fera relevée tous les matins à l'heure de la garde, & la nouvelle garde s'affemblera à cet effet devant le centre du camp des régimens, où l'infpection fera toujours faite par les Officiers de piquet, & enfuite par un des Officiers fupérieurs.

4.

SON pofte fera dix pas en avant du premier piquet des chevaux de la première compagnie du régiment, & à leur droite ou à leur gauche, fuivant que le régiment campera à fa droite ou à fa gauche.

5.

CETTE garde fournira les Sentinelles des étendards & toutes celles néceffaires à la police du camp. Il n'y aura plus en conféquence de gardes fous le nom de gardes d'étendards & de la queue du camp.

6.

L'INSPECTION de cette garde étant faite, elle fe rendra à fon pofte, les Cavaliers marchant deux à deux portant le moufqueton & le Maréchal-des-logis ayant le fabre à la main.

7.

LES gardes du camp fe relèveront, ainfi qu'il fera dit au titre *du Service des Gardes dans leurs poftes.*

8.

APRÈS que les Maréchaux-des-logis qui les commandent, fe feront donné les configues, & que les Sentinelles auront été relevées, le Commandant de l'ancienne garde la ramènera jufqu'à dix pas en avant du front de bandière, d'où il renverra les Cavaliers à leur compagnie.

9.

AUSSITÔT que l'ancienne garde fera retirée, un des Brigadiers de la nouvelle ira déployer les étendards ; ce Brigadier fera toujours le Brigadier de pofe, & fera fuivi en même temps des deux premiers Cavaliers qui devront être placés en faction. Il posera & plantera le premier étendard à la compagnie du Mestre-de-camp, six pas en avant du front de bandière vis-à-vis le mât de la première tente de la compagnie, & le second étendard à l'escadron du Lieutenant-colonel où il sera planté dans la même place que celui de l'escadron du Mestre-de-camp. Il placera en même temps une Sentinelle à chacun d'eux.

10.

Les Sentinelles des étendards y feront faction le sabre à la main avec leur mousqueton à la grenadière.

11.

A la retraite, ainsi que si le temps devenoit mauvais pendant la journée, les Officiers de piquet ordonneront qu'un Brigadier de pose aille chercher les étendards dans le même ordre, & les porte, escortés par les deux Sentinelles qui les suivront, auprès de la garde du camp où ils seront ployés, mis dans leurs étuis & plantés ensuite à six pas du front de bandière.

12.

Les jours de fourrages, on ne déploiera pas les étendards; la nouvelle garde du camp remplacera les Sentinelles de nuit de l'ancienne, & ne les retirera pas que les fourgons ne soient rentrés.

13.

La garde du camp prendra les armes pour tous les Officiers spécifiés dans l'*article 35* du Titre précédent, ainsi que lorsqu'une troupe quelconque passera le long du front du camp.

14.

Elle se mettra sur deux rangs, le Maréchal-des-logis le sabre à la main, les Brigadiers & Cavaliers portant le mousqueton; les Cavaliers en faction aux étendards, en empoigneront la lance de la main gauche à la hauteur de la poitrine, tenant leur sabre nu de l'autre main, la garde appuyée sur la cuisse & la lame croisant l'étendard.

15.

Les Cavaliers de la garde du camp ne quitteront jamais leurs

leurs poftes, les Maréchaux-des-logis pourront feulement en
envoyer quatre fucceffivement manger la foupe & panfer leurs
chevaux. A l'égard du Maréchal-des-logis & des Brigadiers,
ils ne quitteront point leurs gardes. Un Brigadier ira à l'heure
de l'ordre le prendre, & le rapportera tout de fuite au Maréchal-
des-logis.

16.

La garde du camp fournira, pendant le jour, deux Sentinelles, une à chaque étendard. Elle fournira de plus une
Sentinelle à fes armes.

17.

A la retraite & pendant la nuit, la garde du camp fournira
une Sentinelle à fes armes, laquelle gardera en même temps
les étendards qui feront réunis auprès d'elle, une à la droite
du régiment à fix pas en avant du front de bandière, une
au centre, & l'autre à la gauche; de façon qu'il y ait ainfi
pendant la nuit trois Sentinelles fur le front du camp indépendamment de celle de la garde du camp. Elle fournira de
plus trois Sentinelles placées de même à la droite, à la gauche
& au centre des dernières tentes de la queue des compagnies.
Ces Sentinelles fe promèneront chacune dans leur partie,
pour voir s'il ne fe détachera pas des chevaux, & veiller aux
accidens qui pourroient arriver.

18.

La garde du camp fournira de plus, jour & nuit, une
Sentinelle à la tente du Commandant du régiment.

19.

Toutes les Sentinelles, hors celles qui feront pendant le
jour aux étendards, feront faction avec leur moufqueton.

20.

Outre les confignes ordinaires, il leur fera expreffément
configné, de ne laiffer fortir aucun Cavalier du camp, foit
de jour, foit de nuit, à pied ou à cheval, fans qu'il foit conduit
par des Officiers ou bas Officiers.

21.

LORSQUE les Officiers pour qui ces gardes doivent prendre les armes, les Officiers supérieurs de piquet ou de l'État-major de la brigade, viendront les visiter pendant la nuit, elles observeront pour les recevoir tout ce qui est prescrit au Titre précédent, *article 28*.

22.

S'IL se présentoit une troupe pour rentrer au camp pendant la nuit, on ne la laissera point approcher ni rentrer, à moins qu'elle ne soit du régiment auquel elle se présentera; & après l'avoir bien reconnue, si elle est d'un autre régiment, on l'obligera de longer le front du camp au moins à cinquante pas en avant.

23.

LA punition de la garde du camp étant absolument contraire au bien du service à cause des maladies qui en résultent, on n'y mettra les Cavaliers que pour les crimes & des fautes très-graves, & alors ils y seront attachés & gardés à vue.

24.

SI le nombre des prisonniers exigeoit qu'on plaçât pour les garder, des Sentinelles d'augmentation, on augmenteroit la garde du camp du nombre d'hommes nécessaire pour les fournir.

25.

LES jours de marche, la garde du camp ne sera relevée qu'à l'arrivée au nouveau camp. Lorsqu'on sonnera le *boute-selle*, les Maréchaux-des-logis commandant les gardes, en renverront successivement une moitié pour aller seller, charger & arranger leurs chevaux; & lorsqu'on sonnera *à cheval*, les Porte-étendards se trouveront à leurs étendards, les prendront; & dès que le régiment sera à cheval, ils se placeront chacun à leur compagnie.

26.

AUSSITÔT que les Porte-étendards auront pris leurs

étendards, la garde du camp ira diligemment monter à cheval ; & chaque Cavalier rentrera dans sa compagnie. S'il y avoit des prisonniers à cette garde, le Maréchal-des-logis enverroit d'avance le Brigadier avec la moitié de la garde monter à cheval ; & après qu'ils seroïent revenus au poste de la garde du camp, il iroit lui-même monter à cheval avec l'autre moitié des Cavaliers, & la rejoindroit promptement pour marcher ensuite à la tête du régiment avant la première compagnie.

27.

LA garde du camp n'ayant pour objet que la police & non la sûreté du camp, il lui sera donné une tente qui sera tendue à son poste, & dans laquelle les Cavaliers pourront alternativement se reposer ; la moitié de la garde restant toujours dehors. Il lui sera donné de même un manteau d'armes.

28.

LA tente & le manteau d'armes de la garde du camp, seront portés tour-à-tour dans les marches sur les chevaux de compagnie.

29.

A l'arrivée au nouveau camp, les Cavaliers de garde du camp iront tout de suite mettre leurs chevaux au piquet, & se rendront promptement à pied en bottes, & avec leurs armes, quatre pas en avant du centre du régiment, d'où le Maréchal-des-logis qui la commande, la conduira au poste qu'elle doit occuper.

30.

LORSQU'ON fera rentrer le régiment, les Porte-étendards se placeront aux places où les étendards doivent être plantés, & y demeureront jusqu'à ce que le Brigadier de la garde du camp y ait posé des Sentinelles, après quoi les Porte-étendards & Timbaliers rentreront dans le camp.

31.

APRÈS que le régiment sera établi dans le camp, les

Cavaliers commandés pour relever les gardes du camp, s'assembleront au centre du régiment pour y être inspectés, & se rendre ensuite à leur poste.

TITRE XII.
Des Officiers supérieurs de Piquet.

ARTICLE PREMIER.

IL sera nommé tous les jours à l'ordre, outre les Officiers généraux de jour, un Brigadier, un Mestre-de-camp, un Lieutenant-colonel & un Major, pour être de piquet pendant vingt-quatre heures, leur service commencera tous les jours à l'heure de l'ordre.

2.

LE Maréchal général des logis de la Cavalerie, aura attention en les commandant, de faire en sorte que deux de ces Officiers supérieurs de piquet soient de l'aile droite, & deux de l'aile gauche.

3.

CES Officiers se trouveront à la tête des piquets toutes les fois qu'on les assemblera.

4.

ILS visiteront chaque nuit dans l'aile dont ils seront, les gardes du camp; ils passeront à la tête & à la queue du camp, pour examiner si tout y est en état. L'heure de ces visites sera réglée par le Brigadier de piquet.

5.

LORSQUE le Général jugera nécessaire de faire coucher les piquets au bivouac, les Officiers supérieurs de piquet les visiteront, une ou plusieurs fois pendant la nuit, suivant ce qui sera ordonné par le Général.

6.

CES Officiers supérieurs dans leurs visites de nuit, seront

rçeus

45

reçus par les gardes d'étendards & de la queue ducamp, & par les piquets, comme il est prescrit ci-devant *au Titre X, au Piquet.*

7.

LE Brigadier, le Mestre-de-camp, le Lieutenant-colonel & le Major de piquet, se trouveront à l'heure de la garde chez le Lieutenant général de jour pour y recevoir ses ordres.

8.

LE Major de piquet remettra aux Officiers généraux de jour, l'état des gardes, en indiquant les endroits où elles sont portées.

9.

LE Brigadier, le Mestre-de-camp, le Lieutenant-colonel & le Major de piquet, suivront les Officiers généraux de jour, dans la visite qu'ils feront des postes, ou recevront leurs ordres pour les aller visiter.

10.

DANS ce dernier cas ils examineront si les postes & leurs védettes sont bien placés, & ils questionneront les Officiers, pour savoir si on leur aura consigné tout ce qui sera nécessaire.

11.

A leur retour, ils rendront compte aux Officiers généraux de jour, de ce qu'ils auront vu, & de ce qu'ils croiront qu'il y auroit à y changer.

12.

LORSQUE les détachemens de plusieurs brigades, devront s'assembler dans un des points de la ligne, le Major de piquet les rassemblera au rendez-vous indiqué.

13.

IL y aura toutes les semaines dans chaque brigade, un Adjudant de piquet, qui sera nommé à l'ordre par le Major de brigade.

14.

CET Adjudant aura l'état des Officiers de la brigade, qui feront les premiers à marcher.

15.

IL ne fortira point du camp pendant les vingt-quatre heures, pour être toujours prêt à faire exécuter tous les ordres qui arriveront, tant de jour que de nuit.

16.

IL conduira les détachemens de la brigade au rendez-vous donné pour les affembler, ainfi que les piquets, lorfqu'ils devront marcher aux Exécutions.

17.

IL fera toutes les nuits une ronde dans la brigade, à l'heure qui lui paroîtra la plus convenable, efcorté d'un Brigadier & de deux Cavaliers, pris dans une des gardes du camp, pour examiner fi les fentinelles font alertes, & s'il ne fe paffe point de défordre.

18.

IL vifitera pareillement les gardes du camp, pour voir fi elles font éveillées, après néanmoins leur avoir donné le mot, afin d'en être reconnu.

19.

LES jours de marche, les Officiers fupérieurs de piquet fe trouveront au rendez-vous général des campemens, s'il en a été indiqué; ou s'il n'y a rien eu d'ordonné de particulier, ils fe rendront à la tête des Grenadiers & Chaffeurs de la feconde divifion d'Infanterie, pour marcher à la tête des campemens de cette divifion, & s'employer fous les ordres du Maréchal-de-camp de jour, à tout ce qui fera relatif à l'établiffement & à la fûreté du nouveau camp.

20.

LE Major de piquet rangera les Troupes de Chevaux-légers, les nouvelles gardes & les campemens de Cavalerie, dans le même ordre dans lequel les brigades font campées,

47

& il suivra le Maréchal-de-camp de jour & les autres Officiers
supérieurs de piquet, lorsqu'ils se mettront en marche pour
aller au nouveau camp.

2 1.

A mesure que le Maréchal-de-camp de jour, placera chaque
garde, le Major de piquet prendra note du lieu où elle sera
postée, & de la brigade qui l'aura fournie; il en remettra un
état au Maréchal général des logis de la Cavalerie, & un
autre au Major de piquet qui le relèvera.

TITRE XIII.

De la Division & du Service de l'Armée pendant la campagne.

ARTICLE PREMIER.

IL sera fait au commencement de chaque campagne,
d'après les ordres du Général, par le Maréchal-des-logis de
l'armée, un ordre de bataille, dans lequel les Officiers
généraux & les Brigadiers, seront placés suivant leur rang
d'ancienneté.

2.

ON observera cependant d'attacher à la Cavalerie, & à
l'Infanterie de préférence, autant qu'il se pourra, les Officiers
généraux qui auront toujours servi dans ces corps.

3.

L'ARMÉE sera ensuite partagée pendant toute la campagne,
en quatre divisions d'Infanterie, & deux ailes de Cavalerie.

4.

CHAQUE aile de Cavalerie sera composée des brigades
de Cavalerie des deux lignes de cette aile, qui seront
nommées une fois à l'ordre au commencement de la campagne, & cela ne changera plus jusqu'à la fin, à moins que
le Général ne juge à propos d'ordonner qu'il soit fait un
nouvel ordre de bataille.

5.

LES Généraux des armées, & les Officiers généraux qui y seront employés, pourront cependant placer dans les diférens postes, ou faire marcher en détachement lorsque le besoin le demandera, indistinctement toutes les brigades ou régimens de Cavalerie ou de Dragons : défendant Sa Majesté qu'il n'y ait jamais de discussion de rang à cet égard, & voulant que les droits d'ancienneté de brigades & de régimens, soient toujours subordonnés aux dispositions des Généraux.

6.

LORSQU'IL aura été détaché une ou plusieurs brigades de l'aile, & qu'elles rentreront en ligne, elles reprendront leur rang dans la division.

7.

IL y aura une brigade d'Infanterie attachée à chaque aile de Cavalerie, pour couvrir son flanc : cette brigade sera aux ordres du Lieutenant général commandant cette aile.

8.

CHAQUE aile sera commandée par un Lieutenant général qui sera nommé pour toute la campagne, & aura sous lui plusieurs Officiers généraux.

9.

IL sera marqué aux Officiers généraux, les logemens les plus à portée de l'aile à laquelle ils seront attachés.

10.

EN cas que le Lieutenant général commandant l'aile, fût absent, l'Officier général le plus ancien de l'aile la commandera, sans que les autres Officiers généraux de l'armée puissent en aller prendre le commandement, à moins d'un ordre du Général.

11.

LE Lieutenant général commandant l'aile, sera chargé de tous les détails qui la concerne ; discipline, police, communications, gardes, &c.

Ce

49

Ce fera à lui que les Officiers généraux attachés aux brigades, ainfi que les Brigadiers & Meftres-de-camp rendront compte de tout ce qui concerne ces objets ; ce qui cependant ne difpenfera en aucun cas les Brigadiers & Meftres-de-camp des comptes qu'ils doivent rendre au Général de la Cavalerie.

12.

Il y aura tous les jours, dans chaque aile, un Maréchal-de-camp ou un Brigadier, nommé pour être chargé fous le Lieutenant général, de la difcipline de l'aile ; il fera la vifite du camp, des gardes, des communications, &c. Il ordonnera ce qu'il croira néceffaire, & en rendra compte au Lieutenant général commandant, qui inftruira le Général de tout ce qui pourra en valoir la peine.

13.

Les Brigadiers feront chargés de veiller aux gardes de leur brigade, & à les faire fervir ; ils ordonneront de l'heure & du nombre d'appels, & feront exécuter dans leur brigade tous les ordres qui feront donnés.

Les Meftres-de-camp auront les mêmes détails dans leur régiment, & pour que la fubordination la plus exacte foit obfervée dans l'aile, ils rendront compte de tout ce qui le méritera à leur Brigadier, celui-ci au Maréchal-de-camp attaché à la brigade, & ce dernier au Lieutenant général commandant l'aile.

14.

Le plus ancien Major de brigade de l'aile en fera le détail, il aura pendant la nuit un fanal élevé au haut d'une perche qui indiquera fa tente.

15.

Ce fera à lui que le Maréchal général des logis de la Cavalerie, adreffera directement tous les ordres, il les diftri-buera fur le champ aux Majors de brigade de l'aile, & en rendra compte au Lieutenant général commandant.

16.

Il y aura à la tente du Major de l'aile, un Brigadier &

n

un Cavalier d'ordonnance de chacune des brigades, par lesquels il leur fera passer sur le champ les ordres qu'il aura à leur envoyer.

17.

IL y aura outre cela un Brigadier d'ordonnance, fourni alternativement par toutes les brigades, pour aller porter au Lieutenant général les ordres qui parviendront au Major de l'aile.

18.

LES Officiers généraux attachés à chaque aile de Cavalerie, devant être logés à portée du Lieutenant général qui la commandera; ils feront prendre tous les jours chez lui par leurs Aides-de-camp l'ordre journalier.

19.

QUANT aux ordres inattendus, ou ceux les concernant particulièrement, ils leur feront envoyés par un Cavalier d'ordonnance; & dans des cas imprévus & pressés, par le Brigadier d'ordonnance.

20.

LES gardes des Officiers généraux des ailes, feront fournies par la brigade d'Infanterie de flanc.

S'ils étoient trop nombreux pour qu'elle pût y suffire, le Major général de l'Infanterie nommeroit d'autres régimens pour y suppléer.

21.

IL partira tous les jours, à l'heure où l'on battra *la garde* de chaque aile de Cavalerie, deux détachemens de huit Cavaliers chacun, qui se rendront aux tentes des quatre majors des divisions de l'Infanterie pour servir d'ordonnance.

Les deux détachemens de l'aile droite, feront pour la première & la seconde division d'Infanterie; ceux de l'aile gauche pour la troisième & la quatrième.

22.

LES Majors des régimens qui fourniront les huit Cavaliers, donneront à l'un d'eux un billet qui indiquera la division

51

à laquelle ils seront destinés, & ils les feront partir tous huit ensemble.

23.

IL sera fait mention dans ce billet, de l'heure à laquelle ils auront été expédiés. Le Major des divisions donnera un reçu aux Cavaliers relevés, dans lequel il marquera l'heure de l'arrivée des nouveaux, & du départ des anciens.

24.

IL sera également envoyé tous les jours, à la même heure, trois Cavaliers d'ordonnance par chaque aile, au Major de la brigade qui couvrira son flanc.

25.

CES Cavaliers d'ordonnance seront pendant les vingt-quatre heures, & jusqu'à ce qu'ils aient été relevés, aux ordres des Majors des divisions, & exécuteront tout ce qui leur sera prescrit par eux, en conformité de ce qui est marqué dans le Règlement d'Infanterie, *Titre XIII, de la Division & du Service de l'armée*, article 23 jusqu'à 30.

26.

OUTRE ces ordonnances, il sera envoyé tous les jours, à la même heure, chez le Général de la Cavalerie, ou celui qui le représentera, un Cavalier d'ordonnance par brigade, avec un Brigadier, sur le tout, pour les commander.

27.

ON enverra chez le Maréchal général des logis de la Cavalerie, pour lui servir d'ordonnance, trois Cavaliers par aile de Cavalerie, & un Cavalier par chaque réserve, qui ne sera point détaché de l'armée.

IL y aura, sur le tout, un Brigadier pour commander ces ordonnances.

28.

TOUTES ces ordonnances ne suivront point les Officiers auxquels elles seront envoyées, étant uniquement destinées à porter aux brigades les ordres qu'ils auront à leur faire parvenir.

On choifira toujours les Brigadiers & Cavaliers d'ordonnance, parmi les plus fages & les plus intelligens, fans s'attacher à l'ancienneté.

29.

Les jours de marche, les ordonnances du Général de la Cavalerie & du Maréchal général des logis de la Cavalerie, marcheront avec la garde du quartier général; & dès que les logemens feront marqués, elles fe rendront tout de fuite à celui du Général & du Maréchal général des logis de la Cavalerie.

30.

Il fera envoyé auffi tous les jours, à l'heure de la garde, un Cavalier d'ordonnance par brigade, au Major de la brigade.

Les jours de marche, ces Cavaliers marcheront avec les campemens de la brigade.

31.

Les Majors de brigade n'iront plus à l'ordre au quartier général, & il n'y aura plus d'ordre dicté publiquement chez le Maréchal général des logis de la Cavalerie.

32.

Il enverra tous les jours l'ordre par écrit, figné & cacheté, aux Majors des ailes, qui le diftribueront aux brigades qui les compoferont, & feront le détail particulier de leur fervice.

33.

Les Aides-maréchaux généraux des logis de la Cavalerie, feront eux-mêmes porteurs de tous les ordres importans, comme marche d'armée ou d'un gros détachement.

34.

Le Maréchal général des logis de la Cavalerie, fera mention dans tous les ordres, de l'heure à laquelle ils auront été envoyés; & les Majors des ailes, dans les reçus, de celle à laquelle ils leur feront parvenus.

35. Cela

53

35.

CELA sera également exécuté par les Majors des ailes vis-à-vis des Majors des brigades, & par les Majors des brigades vis-à-vis les Majors des régimens.

36.

TOUS les reçus, consignes & ordres seront écrits avec de l'encre, & tous les ordres cachetés.

37.

LES Majors des ailes auront un contrôle pour faire fournir chaque brigade à son tour, & le Maréchal général des logis de la Cavalerie en aura un pour égaliser le service des deux ailes, autant que cela sera possible.

38.

CHAQUE aile de Cavalerie, ainsi que la brigade de flanc, fourniront les postes les plus à portée de son camp.

39.

LES jours de marche, le Maréchal-de-camp de jour, aura attention à cet objet, dans la répartition des postes.

40.

LORSQUE les Officiers généraux des divisions, jugeront à propos de placer des gardes pour la sûreté ou police de leur aile, le Major de l'aile en rendra compte le lendemain matin au Maréchal général des logis de la Cavalerie.

41.

DANS les camps de séjour, le Major de l'aile aura soin que les mêmes postes soient, autant qu'il se pourra, occupés par des gardes des mêmes brigades.

42.

IL enverra tous les matins au Maréchal général des logis de la Cavalerie, avec l'appel de l'aile, le détail des gardes & détachemens qu'elle aura fournis dans les vingt-quatre heures.

43.

DANS les réserves ou corps séparés, qui ne seront pas

assez considérables pour former deux ailes de Cavalerie, le service se fera par brigade; le détail en sera fait par l'Aide-maréchal général des logis de la Cavalerie, chez qui chaque brigade enverra un Cavalier d'ordonnance; s'il n'y avoit point d'Aide-maréchal général des logis de la Cavalerie, le plus ancien Major en feroit les fonctions.

TITRE XIV.

Des Avant-gardes, des Corps détachés & des Réserves.

ARTICLE PREMIER.

OUTRE la division de l'armée, prescrite au Titre précédent, il sera encore formé suivant sa force, un ou plusieurs corps d'avant-garde pour couvrir son front & ses flancs.

2.

DANS les armées nombreuses, il y en aura trois; ils seront appelés *corps d'avant-garde de la droite, de la gauche* ou *du centre*, suivant la première destination que le Général leur aura donnée au commencement de la campagne, & ces noms ne changeront plus jusqu'à ce qu'elle finisse, en quelque lieu que le Général juge à propos de les employer.

3.

CES corps seront ordinairement placés en avant de l'armée, pour l'avertir des mouvemens des ennemis, empêcher qu'elle ne puisse être surprise, diminuer le nombre des gardes, faciliter ses fourrages & couvrir l'ouverture de ses marches : ils seront aussi les avant-gardes & les arrière-gardes de l'armée.

4.

ILS pourront être employés, suivant les circonstances, à couvrir ses flancs ou ses communications, & à occuper des postes importans & être réunis en un seul corps, ou joints à d'autres Troupes, pour faire effort & entreprendre en quelque point sur l'ennemi.

55

5.

ILS feront compofés d'une ou plufieurs brigades de Dragons, & de quelques régimens de Cavalerie ou d'Infanterie qu'on renforcera au befoin de bataillons de Grenadiers & Chaffeurs : on leur attachera une divifion d'Artillerie du parc, proportionnée à leur force, avec des munitions pour le canon de l'Infanterie, & des cartouches à fufils, & un petit détachement de l'hôpital ambulant.

6.

LE Général choifira pour commander ces corps, des Officiers généraux ou Brigadiers, dont les talens & l'expérience dans cette forte de guerre, foient bien éprouvés.

7.

LORSQUE les armées feront confidérables, comme il eft néceffaire de ne pas tenir toutes les Troupes qui la compofent enfemble, foit pour faciliter les fubfiftances, foit pour opérer féparément, il fera formé un ou plufieurs corps détachés compofés de Cavalerie, d'Infanterie & d'Artillerie : on y joindra des régimens de Dragons & de Troupes-légéres pour leur fervir d'avant-garde, & on y attachera des Aides des États-majors généraux pour en faire le détail.

Ces corps feront appelés *corps détachés de la droite* ou *de la gauche*, comme il a été dit ci-deffus pour les corps d'avant-gardes.

8.

IL fera obfervé, quant à la divifion, le fervice & la police de ces corps détachés, tout ce qui eft prefcrit dans le préfent Règlement pour l'armée ; ces corps devant être regardés comme de petites armées, auffi fubordonnées cependant que le fonds de l'armée au Général en chef.

9.

LE Général fera toujours le maître de faire rentrer en ligne les corps détachés, en tout ou en partie, & il le fera de temps en temps pour laiffer repofer les Troupes qui les auront compofées, faire partager également la fatigue & le repos à toutes celles de l'armée, & former un plus grand nombre d'Officiers généraux, en les employant, soit en chef, soit en second, au commandement de ces corps.

10.

IL sera choisi par le Général, dans le nombre des Officiers généraux, ceux qu'il connoîtra les plus capables pour commander ces corps détachés, & il y attachera sous eux d'autres Officiers généraux.

11.

IL pourra y avoir aussi des corps de réserve, campés avec l'armée, destinés à soutenir dans les actions, les parties de la ligne qui pourroient en avoir besoin, ou à y remplacer les Troupes qui auroient souffert, ou qui en auroient été tirées pour quelque destination particulière ; mais ils ne devront être regardés que comme des divisions de l'armée, & ils recevront les ordres des Chefs des États-majors.

12.

LORSQUE les corps de réserve seront seulement d'Infanterie, il sera envoyé tous les jours au Major qui en fera le détail, par l'aile de Cavalerie qui en sera la plus proche, le même nombre de Cavaliers d'ordonnance qu'au Major d'une division d'Infanterie. Quand ces corps seront composés de Cavalerie & d'Infanterie, la Cavalerie qui en fera partie fournira les ordonnances.

13.

LE Général choisira de même les Officiers généraux ou supérieurs auxquels il jugera à propos de confier le commandement des corps en réserve.

14.

LES Commandans des avant-gardes, des corps détachés & des réserves, feront parvenir au Général tous les comptes qu'ils auront à lui rendre, dans la forme suivante. La date du jour, du lieu & de l'heure, sera mise en haut de la feuille ; ensuite en gros caractère : *Rapport ;* après quoi on fera le détail de tout ce dont on aura à informer le Général, & on le signera,

57

signera, sans préambule, & sans la formule qu'il est d'usage de
mettre au commencement & à la fin des lettres. Le Général
en usera de même dans ses réponses, qui se borneront à
donner ses ordres, & à expliquer les moyens qu'il veut qu'on
emploie pour leur exécution.

Si ces rapports sont relatifs à des nouvelles de l'ennemi,
celui qui les fera, en suite de la date, du lieu & de l'heure,
observera toujours d'expliquer précisément le point où il se
trouvoit lorsqu'il a vu ce dont il rend compte, à quels points
il faisoit face, quels étoient ceux qu'il avoit à sa droite ou à
sa gauche, de manière que le Général puisse, en lisant ce
rapport, ne point se tromper sur la position ou la direction
de l'ennemi.

Tous les Officiers détachés se conformeront à cet article,
dans les comptes qu'ils auront à rendre, soit au Général,
soit aux Officiers généraux ou supérieurs, aux ordres desquels
ils se trouveront.

TITRE XV.

De l'ordre à observer dans l'Armée, pour commander les Gardes & les Détachemens.

ARTICLE PREMIER.

LE service que la Cavalerie aura à faire dans l'armée, sera
dorénavant de deux sortes : le premier sera appelé *service
intérieur de l'armée ;* le second, *détachement de guerre.*

2.

SOUS la dénomination de service intérieur de l'armée,
seront compris les gardes ordinaires, gardes du quartier
général & de police, escortes & postes de communications.

3.

PAR celle de détachement de guerre, on entendra les
avant-gardes ou arrière-gardes d'armée, & les différentes
opérations de guerre pour entreprendre sur l'ennemi.

P

4.

POUR le service intérieur de l'armée, on commandera des détachemens, formés d'un nombre d'escouades tirées de chaque compagnie de l'escadron & du régiment.

5.

POUR les détachemens de guerre, il sera toujours employé, suivant leur force, des brigades, régimens, escadrons ou compagnies de Chevaux-légers & de Chasseurs.

6.

IL ne sera jamais envoyé de brigades ou régimens en détachement, qu'ils n'aient leurs compagnies de Chevaux-légers ou de Chasseurs avec eux.

7.

LES compagnies de Chevaux-légers & de Chasseurs, ne seront jamais commandées pour le service intérieur de l'armée, devant toujours être prêtes à marcher au premier ordre.

8.

LE Maréchal général des logis de la Cavalerie, commandera les Troupes pour ces différens services, par aile; observant d'avoir égard au nombre de brigades dont chacune d'elles sera composée, pour que les ailes ne fournissent qu'à proportion de leur force.

9.

POUR cet effet, il aura un contrôle des deux ailes de Cavalerie, sur lequel seront marquées exactement toutes les Troupes commandées, afin de pouvoir égaliser leur service.

10.

DANS les cas pressés, il pourra faire fournir les Troupes dont on auroit besoin par l'aile la plus à portée, & il lui en tiendra compte ensuite.

11.

IL aura pareillement un tableau des Brigadiers, Mestres-

59

de-camp, Lieutenans-colonels & Majors de l'armée, suivant
leur ancienneté de commission, pour les commander chacun
à leur tour.

12.

LORSQUE le Général jugera à propos de faire marcher
des Majors aux détachemens, ils y commanderont, suivant
leur grade & l'ancienneté de leurs brevets.

TITRE XVI.

De l'ordre à observer dans les Régimens, pour commander les Gardes & les Détachemens.

ARTICLE PREMIER.

LES Majors de brigade tiendront un contrôle des régimens
de leur brigade, où ils marqueront les Officiers & Cavaliers
qui seront commandés par proportion du nombre de leurs
escadrons, & par rang de régiment, en commençant par le
régiment chef de brigade.

2.

CHAQUE Major de régiment, tiendra un contrôle des
escadrons dudit régiment, compagnie par compagnie, sur
lequel il marquera les Officiers, Maréchaux-des-logis,
Brigadiers & Cavaliers qui seront commandés.

3.

CES contrôles commenceront du jour de l'arrivée des
régimens au lieu de l'assemblée de l'armée, & seront conti-
nués jusqu'à la fin de la guerre; de manière qu'ils soient
suivis sans interruption, soit dans les camps, cantonnemens
ou quartiers d'hiver.

4.

LE service de la Cavalerie sera divisé en service à cheval,
& service à pied.

5.

Il y aura deux tours pour le service à cheval.

Le premier sera pour toutes les gardes, détachemens & piquets.

Le deuxième pour les gardes d'honneur.

6.

Le service à pied sera partagé en deux tours.

Le premier pour les gardes à pied.

Le deuxième pour les corvées. Les petites escortes pour les fourrages, quoiqu'armées & à cheval, seront comprises dans le tour des corvées. Il en sera de même des détachemens commandés pour assister aux Exécutions.

7.

Tout service à cheval sera commandé par la tête, tout service à pied par la queue, en suivant exactement le rang d'ancienneté des Capitaines-commandans, & faisant marcher les Capitaines en second & les Officiers subalternes, suivant celui des compagnies auxquelles ils seront attachés, ce qui n'empêchera pas que ceux du même régiment ne commandent entr'eux suivant leur rang d'ancienneté. On observera cependant de ne jamais commander pour le même détachement, des Officiers de la même compagnie ; pour cela au commencement de la campagne, on commandera pour le premier détachement, le premier Capitaine & le Lieutenant de la deuxième compagnie de l'escadron ; & le Lieutenant de la première compagnie, ne marchera qu'avec le second détachement. Le tableau sera fait ainsi, & si dans le courant de la campagne il se rencontroit que les Capitaines & les Lieutenans ou Sous-lieutenans d'une même compagnie, se trouvassent les premiers à marcher pour le même détachement, le tour du grade inférieur sera passé pour être repris au détachement suivant. Il en sera usé de même pour les différentes espèces de tours de service.

Les Capitaines-commandans rouleront avec les Capitaines

en

en second, & les Lieutenans en premier avec les Lieutenans en second pour toute espèce de service, autant toutefois que cela ne sera pas contraire aux dispositions des *articles 22 & 23*, qui règlent la composition des divers détachemens suivant les grades.

8.

LORSQUE le Général, le Commandant de camp, celui d'une réserve ou d'une aile, demandera des Officiers d'ordonnance pour être attachés à sa personne, ils seront tirés d'entre les subalternes, au choix du Commandant du régiment. Il en sera usé de même pour les bas Officiers.

9.

LES Maréchaux-des-logis, Fourriers, Brigadiers & Cavaliers, seront pareillement commandés par rang de compagnies; il n'y aura pour eux que deux sortes de service, l'un à cheval & l'autre à pied; la garde du camp, quoiqu'à pied, sera toutefois comprise dans ce premier service étant tirée du piquet; toutes les corvées seront comprises dans le tour du service à pied.

Le service par escouades, employant beaucoup de Brigadiers, ils seront suppléés dans les compagnies où ils ne seront pas complets ou présens, par les plus anciens Cavaliers; & au cas que ces derniers ne soient pas propres à en faire les fonctions, par les Cavaliers désignés par les Commandans des compagnies pour les premières places de Brigadiers qui viendront à vaquer.

10.

L'OFFICIER qui se trouvera en même temps le premier à marcher pour différens services, sera commandé par préférence pour le premier de ces services, dans l'ordre qui est désigné ci-dessus.

11.

CELUI dont le tour viendra de marcher au piquet, à une grande garde ou à un détachement à cheval, pendant qu'il sera à une garde d'honneur, demeurera à cette garde.

12.

S'IL est de corvée il la quittera, pourvu que sa corvée soit au camp, & il sera censé l'avoir faite; mais si la corvée est hors du camp il la finira.

13.

CELUI dont le tour viendra de marcher à une garde d'honneur pendant qu'il sera employé au piquet, à une grande garde ou à un détachement à cheval, continuera son service actuel, ou s'il est de corvée, il en sera usé comme il est expliqué à l'article précédent.

14.

TOUT Officier qui étant le premier à marcher pour une garde ou un détachement à cheval, ou une garde d'honneur, ne se trouvera pas au camp quand on le commandera, ou ne pourra faire ce service pour quelque cause que ce soit, sera remplacé par celui qui le suivra, & son tour sera passé.

Il ne pourra même venir prendre le commandement du détachement ni de la garde, dès qu'il sera en marche & au-delà des gardes ordinaires de l'armée.

15.

A l'égard des corvées, le tour n'en passera jamais, soit que l'Officier commandé soit absent ou de service ailleurs, devant toujours le reprendre après son retour au camp.

16.

LES détachemens seront censés faits dès qu'ils auront passé les grandes gardes de l'armée.

Les corvées seront aussi réputées faites, pourvu qu'elles aient été employées ou qu'elles aient passé les grandes gardes.

Tout détachement renvoyé du lieu du rendez-vous, ne sera pas censé fait.

17.

LE Commandant d'un régiment, par accident, devra être commandé à son tour, de détachement, de garde ou de

63

piquet; il fera feulement exempt de corvée pendant le temps qu'il commandera.

18.

Il fera commandé un Lieutenant, à titre d'Officier d'ordonnance, pour accompagner un Brigadier lorfqu'il ira en détachement, ou qu'il fera de piquet, lequel fera pris dans la même brigade où le Brigadier fera employé, foit qu'il le commande ou non, & par préférence dans fon régiment, fi le Brigadier en eft Colonel ou Lieutenant-colonel.

19.

Il marchera de même un Lieutenant avec les Meftres-de-camp, & un Sous-lieutenant avec les Lieutenans-colonels, ainfi qu'avec les Majors, lorfqu'ils iront en détachement.

20.

Les Officiers d'ordonnance, feront commandés au tour du premier fervice.

21.

Tous les détachemens & gardes quelconques, feront formés fuivant leur force, d'une ou plufieurs efcouades, tirées du piquet, on en proportionnera le nombre à l'objet de la garde ou du détachement, & ainfi les gardes ou détachemens pourront être depuis huit efcouades, ce qui formeroit un détachement de quatre-vingt-feize chevaux, non compris les Brigadiers, jufqu'à une efcouade & une demi-efcouade.

22.

L'esprit de l'Ordonnance du 25 mars 1776, étant que chaque grade faffe, autant qu'il fera poffible, un fervice relatif au rang qu'il tient dans la conftitution, la compofition des détachemens a été réglée, ainfi qu'il fuit.

23.

Toute garde & détachement de quatre efcouades, répondant à l'ancienne compofition du détachement de cinquante Maîtres, fera toujours commandé par un Capitaine, un Lieutenant, un Sous-lieutenant & un Maréchal-des-logis, avec un Trompette.

Ce nombre d'Officiers ne fera point augmenté pour un détachement de cinq escouades, mais s'il est de six, sept ou huit escouades, il fera commandé par un Capitaine-commandant & un Capitaine en second, avec le même nombre de Lieutenans, Sous-lieutenans & un Maréchal-des-logis de plus.

Toute garde & détachement de trois escouades, fera commandé par un Lieutenant avec un Sous-lieutenant & un Maréchal-des-logis; tout détachement de deux escouades, par un Sous-lieutenant & un Maréchal-des-logis; tout détachement d'une escouade & demie ou d'une escouade, par un Maréchal-des-logis.

24.

LORSQU'IL y aura plusieurs postes ou détachemens dans des proportions inférieures, commandés par des Capitaines en second, des Lieutenans, Sous-lieutenans ou bas Officiers, qui se trouveront à portée l'un de l'autre ou réunis, on pourra, lorsqu'on le jugera à propos, en donner le commandement à un Capitaine-commandant, qui fera commandé alors à son tour de service.

25.

LES escouades de service, marcheront toujours entières & comme elles auront été tirées du piquet.

26.

POUR ne pas tronquer les escouades & déranger l'ordre de leur service, lorsqu'il fera commandé des demi-escouades, les Majors observeront de détacher toujours les demi-escouades d'une même escouade; & dans le cas où il ne feroit demandé que deux, trois ou quatre Cavaliers, ils feront fournis, par un tour particulier, fur un fonds des compagnies.

27.

LORSQU'UNE compagnie aura fourni un détachement de plusieurs jours ou un poste fixe, elle ne fournira qu'aux grandes gardes & détachemens de vingt-quatre heures, jusqu'à ce que cette première escouade lui soit rentrée.

28. TOUT

65

28.

TOUT bas Officier ou Cavalier, commandé pour un service à cheval, emportera toujours, à moins que cela ne soit ordonné autrement, tout son équipage avec lui.

29.

AU moyen de la forme du service établi ci-dessus, les gardes & détachemens, composés d'escouades entières, emporteront, lorsque cela sera ordonné, une tente, une marmite & des outils; il y aura à cet effet dans chaque compagnie, une tente & une marmite de réserve, laquelle ne sera point employée par les chambrées de la compagnie, & sera destinée à cet usage.

Les gardes & détachemens n'emporteront toutefois des tentes & des marmites, que lorsqu'elles devront rester plusieurs jours dehors & qu'on le jugera nécessaire; dans ce cas l'État-major général de Cavalerie en fera mention dans les ordres qu'il enverra.

Lorsqu'il sera ordonné à un détachement de porter ses tentes, il sera commandé à cet effet un des chevaux de tentes, d'une des compagnies du régiment, à tour de rôle; & les tentes de la compagnie qui aura fourni le cheval, seront réparties sur les chevaux des autres compagnies.

30.

POUR le service à pied & pour les corvées, on tirera un nombre égal de Cavaliers de chaque compagnie du régiment, & on les formera en escouades, qui seront commandées par des Officiers & bas Officiers, dans la même proportion que les détachemens en armes.

31.

ON commandera de préférence pour le service à pied, les Cavaliers démontés ou dont les chevaux seront éclopés; on observera que les Cavaliers démontés ou éclopés, soient commandés autant de fois pour le service à pied, que les autres Cavaliers le seront pour le service à cheval.

r

32.

TOUT bas Officier ou Cavalier commandé pour le service à pied, avant de quitter sa chambrée, remettra, en présence d'un Maréchal-des-logis, au Brigadier de sa chambrée son équipage ployé & prêt à charger, ainsi que celui de son cheval, & le Maréchal-des-logis ou Brigadier nommera tout de suite un Cavalier pour en avoir soin, & le conduira au rendez-vous en cas d'alarme.

33.

LES Porte-étendards, Quartiers-maîtres, Adjudans & Fourriers, ne feront point de service, & seront employés aux distributions, exercices, détails de police & de discipline, ainsi que les Commandans des régimens le jugeront le plus avantageux pour le bien du service.

TITRE XVII.

De l'Ordre.

ARTICLE PREMIER.

L'ORDRE & le mot seront donnés tous les jours à midi, par le Général de l'armée.

Le premier jour de la campagne, le plus ancien Lieutenant général & le plus ancien Maréchal-de-camp, seront de jour.

2.

IL sera nommé ensuite tous les jours à l'ordre, un Lieutenant général & un Maréchal-de-camp de jour, par rang d'ancienneté; & le Maréchal général des logis de la Cavalerie fera mention, dans l'ordre qu'il enverra aux ailes, des Officiers généraux qui devront être de jour le lendemain, afin que les Majors des ailes auxquelles ils sont attachés puissent les en faire prévenir.

Si les Officiers généraux qui devront être de jour le lendemain, ne le pouvoient, pour cause de maladie ou autre,

67

ils le feront dire, par leur Aide-de-camp, au Maréchal
général des logis de la Cavalerie, qui fera avertir ceux qui
les fuivent, s'ils font attachés à la Cavalerie, ou les Majors
généraux de l'Infanterie ou des Dragons, s'ils l'étoient à ces
Corps, pour qu'ils puiffent les inftruire qu'ils feront de jour
le lendemain.

3.

SI le Général ne fe trouvoit pas à midi au quartier
général, le Lieutenant général entrant de jour, donnera le
mot, afin qu'il n'y ait jamais de retard dans la diftribution
de l'ordre journalier.

4.

LES Officiers généraux entrant de jour, & les Officiers
Supérieurs entrant de piquet, ainfi que les Chefs de différens
États-majors, ou en leur abfence un de leurs Aides, feront
tous les matins rendus à onze heures & demie chez le
Général, pour fe trouver à l'ordre.

5.

LE Lieutenant général prendra le mot du Général, &
le donnera enfuite au Maréchal-de-camp, qui le diftribuera
au Maréchal général des logis de l'armée, au Major général,
au Maréchal général des logis de la Cavalerie, au Major
général des Dragons, dans l'ordre où ils font nommés dans
cet article.

Dans les avant-gardes ou Corps détachés, ou dans les
détachemens de Troupes mêlées, l'ordre fera donné par le
Commandant, dans la même gradation.

6.

LE Maréchal général des logis de la Cavalerie, enverra
enfuite le mot & le détail du fervice, aux Majors des ailes
& des réferves qui ne feront point détachées de l'armée;
de manière que l'ordre puiffe toujours être diftribué aux
Troupes avant la retraite.

7.

L'ORDRE fera toujours rédigé par écrit par le Maréchal

général des logis de la Cavalerie, & envoyé par lui, signé & cacheté, aux Majors des ailes, dans la forme suivante.

Il commencera ainsi :

Au Camp de ...... ce quantième du mois de 177

Suivra le mot de l'ordre.

Celui du ralliement.

Le nom des Officiers généraux de jour & des Officiers supérieurs de piquet.

On énoncera ensuite les bans, & les défenses, s'il y en a de nouvelles à publier.

On indiquera les heures des appels.

Celles des inspections, des piquets & gardes.

Après quoi on fera le détail du service de la Cavalerie par aile.

Suivront les ordres pour les fourrages & distributions.

Enfin les ordres particuliers, s'il y en a à donner.

Le Maréchal général des logis de la Cavalerie ne fera mention, dans les ordres qu'il enverra aux Majors de chaque aile, que des détails qui la concerneront.

8.

LES Majors de brigade iront tous les jours prendre l'ordre chez le Major de l'aile, qui le leur dictera, ainsi que le détail du service de l'aile. Ils le porteront ensuite à leur Brigadier, de qui ils recevront les ordres pour ce qu'ils auront à y ajouter; après quoi ils le distribueront aux Majors des régimens de leur brigade, dans la forme marquée ci-dessus, *article 7*.

9.

LES Majors, ou à leur défaut les Capitaines qui les remplaceront, iront à l'ordre chez le Major de la brigade, qui le leur dictera, avec le détail concernant le service de leur régiment, & ce que le Brigadier aura jugé à propos d'ordonner.

10. TOUS

69

10.

Tous les autres ordres qui feront adreffés, foit de jour, foit de nuit, par le Maréchal général des logis de la Cavalerie, aux Majors des ailes, feront envoyés par eux aux Majors de brigade qui les compoferont, qui les feront paffer aux Majors des régimens, par le Brigadier ou le Cavalier d'ordonnance.

11.

Dès que les Majors des régimens auront pris l'ordre & le mot chez le Major de brigade, ils iront le porter à leur Meftre-de-camp, lui feront la lecture de l'ordre, & recevront ceux qu'il aura à donner; après quoi ils iront donner l'ordre à leur régiment.

12.

En l'abfence du Meftre-de-camp, le Major donnera le mot au Lieutenant-colonel, à qui il fera porté par l'Adjudant, quand le Colonel fera préfent.

13.

Les Majors ne s'enverront jamais l'ordre d'un régiment à l'autre, autrement que par un Officier ou par écrit.

14.

Lorsque le Major du régiment voudra donner l'ordre, le Trompette du piquet fonnera trois appels, fans jamais crier à l'ordre.

15.

Alors les Officiers de piquet, le Quartier-maître, l'Adjudant, le Vaguemeftre, les Fourriers & les Maréchaux-des-logis d'ordre accompagnés d'un Brigadier, s'affembleront au centre du régiment à vingt pas en avant des étendards. Les Brigadiers feront armés de leur moufqueton, & les Maréchaux-des-logis de leur fabre.

16.

Les Fourriers formeront un cercle avec les Maréchaux-

f

des-logis ayant derrière eux les Brigadiers de leur compagnie présentant le mousqueton en dehors & empêchant que personne ne s'approche.

17.

LE Major entrera dans ce cercle avec les Officiers de piquet, & il expliquera l'ordre aux Fourriers & Maréchaux-des-logis, ainsi que ce qu'ils auront à exécuter.

18.

APRÈS qu'il aura nommé les Officiers qui devront être de service, l'Adjudant nommera les bas Officiers, & le Major recommandera, s'il en est besoin, à ces derniers les attentions nécessaires pour les différens services.

19.

IL donnera ensuite le mot aux Officiers de piquet, puis au premier Fourrier du cercle qui s'avancera pour le recevoir, & étant retourné à sa place, le donnera au second, celui-ci au troisième, & ainsi de suite jusqu'au dernier Maréchal-des-logis du cercle qui rendra le mot au Major.

20.

AUSSITÔT après que l'ordre aura été donné à la tête du camp, les Fourriers porteront l'ordre aux Officiers de leur compagnie, sans pouvoir jamais en être dispensés.

21.

LES Fourriers expliqueront ensuite l'ordre aux Maréchaux-des-logis, & iront avec eux expliquer aux Brigadiers & Chefs d'escouades ce qui aura été défendu & ordonné.

22.

LES Brigadiers avertiront les Cavaliers qui devront marcher.

23.

LE Quartier-maître donnera ensuite aux Vivandiers les ordres qui les concernent, & le Vaguemestre aux Valets ceux qui regardent les équipages.

24.

UN Maréchal-des-logis du piquet, ainsi que les Brigadiers

7¹
des gardes du camp, se trouveront au cercle pour prendre
l'ordre & le porter aux Officiers de piquet, & aux Maréchaux-
des-logis commandant ces deux gardes.

25.

LES Majors des régimens enverront l'ordre cacheté aux
gardes ordinaires que leurs régimens auront fourni par les
ordonnances de ces gardes.

26.

ON ne battra jamais à l'ordre pendant la nuit pour assembler
les gardes ou détachemens, afin de ne point éveiller les
Troupes & d'empêcher les ennemis d'en avoir connoissance.

Les Officiers-majors éveilleront sans bruit les Cavaliers
de piquet.

27.

LE même silence & les mêmes précautions seront observés
lorsqu'il sera commandé, pendant la nuit, des brigades, des
régimens ou des escadrons entiers, & l'on éveillera sans bruit
les Troupes qui devront marcher.

28.

LORSQUE l'ordre arrivera pendant la nuit pour que l'armée
entière ou un corps détaché marche le lendemain, les Majors
n'avertiront personne dans la nuit, le boute-selle devant seul en
instruire, ainsi qu'il sera dit au *Titre XXV, des Marches.*

TITRE XVIII.

De la Retraite, des Appels & autres règles du Camp.

ARTICLE PREMIER.

ON sonnera tous les jours la retraite à soleil couchant;
au signal d'un coup de canon, ou à ce défaut, au signal que
donneront les Tambours de la brigade d'Infanterie de la
droite.

2.

LES Trompettes tant pour la retraite que pour toutes les autres sonneries, se placeront auprès de la garde du camp; ils auront attention de commencer tous au signal, & de finir tous à la fois.

3.

UNE demi-heure avant la retraite, un Trompette de la garde du camp, sonnera quatre appels pour indiquer la prière, au signal qui en sera donné par les Tambours de la ligne: les Cavaliers se rendront tout de suite à la Chapelle du régiment, ou s'il n'en avoit point encore été fait, en avant du centre où l'Aumônier fera la prière.

Les Officiers de piquet s'y trouveront pour maintenir le bon ordre.

4.

LA retraite étant sonnée, les étendards seront rapportés à la garde du camp, ainsi qu'il est prescrit au *Titre XI, article 17.*

5.

LES bas Officiers des compagnies, veilleront à ce qu'après la retraite sonnée, aucuns Cavaliers ne soient hors de leurs tentes en chemise.

6.

ON éteindra les feux des cuisines, les Vivandiers cesseront de donner à boire, & les Cavaliers rentreront dans les tentes, une heure après la retraite au plus tard.

7

AVANT la nuit, les rues seront barrées par des cordes du côté du front de bandière, & à la queue du camp du côté des cuisines; & il sera placé un Cavalier de garde d'écurie dans chaque rue, pour veiller sur les chevaux.

Ce Cavalier qui ne sera ni armé ni équipé, sera fourni alternativement par chacune des chambrées qui formeront la rue: les Fourriers auront soin qu'ils soient relevés de deux heures en deux heures. Le Cavalier de garde d'écurie quand

la

73

fa faction fera finie, ira appeler à la tente celui qui devra le
relever, fans qu'il foit befoin qu'un bas Officier aille le conduire;
les Officiers de piquet veilleront à ce que ces gardes d'écurie
foient affidus à leurs fonctions.

Tit. XVIII.

8.

AVANT la nuit, il fera configné aux Sentinelles de la
queue du camp, d'arrêter les Cavaliers qui rentreront au camp
par les derrières ou qui voudront en fortir.

9.

APRÈS la retraite, toutes les compagnies fe mettront en
haie dans les grandes rues du camp, pour l'appel.

10.

CET appel fera fait dans chaque compagnie, par le Lieutenant ou Sous-lieutenant de femaine, qui dreffera enfuite
un billet d'appel, fur lequel il marquera s'il manque quelqu'un
ou non, & le mouvement d'un appel à l'autre.

11.

L'OFFICIER de femaine datera & fignera ce billet, & le
portera à l'Officier de piquet, qui fera chargé de raffembler
ceux du bataillon & de les remettre au Major du régiment,
il ira enfuite en rendre compte au Capitaine en fecond, lequel
en rendra compte tout de fuite au Capitaine-commandant.

12.

INDÉPENDAMMENT de cet appel, il en fera fait deux
autres dans les vingt-quatre heures, par les Lieutenans &
Sous-lieutenans de femaine, qui en rendront compte à leurs
Capitaines.

Les Brigadiers & Colonels auront foin d'en indiquer les
heures & de les changer fouvent.

13.

CES appels fe feront tente par tente, en appelant les
Cavaliers par leur nom, & les obligeant de répondre chacun
pour foi.

l

14.

LES Officiers ou bas Officiers qui manqueront à ces appels par négligence, ou qui ne rendront pas compte des Cavaliers qui ne s'y feroient pas trouvés, feront punis févèrement.

15.

LES Officiers & bas Officiers commandés pour faire les appels, vifiteront en même temps les tentes, porte-manteaux & marmites, pour voir fi les Cavaliers n'y auront pas des effets étrangers ou de maraude; & s'il s'en trouve, ils feront arrêter & conduire au Prévôt, ceux à qui ils appartiendront.

16.

SI contre toute apparence, il arrivoit que des bas Officiers autorifaffent la maraude en ne déclarant pas les maraudeurs, ils feront caffés & mis à la queue de la compagnie.

17.

LES Majors des régimens, formeront fur les comptes qui leur auront été rendus des appels, des billets datés & fignés d'eux, qu'ils enverront tous les matins au Major de la brigade.

18.

ILS marqueront fur ces billets, les noms des Cavaliers qui auront manqué à l'appel, ceux de leur compagnie, & l'heure à laquelle on fe fera aperçu de leur abfence.

19.

S'IL y a eu des maraudeurs arrêtés, ils en rendront pareillement compte.

20.

QUAND il n'aura manqué perfonne, ils le fpécifieront fur leurs billets, ils y marqueront auffi le nombre des Cavaliers entrés à l'hôpital, ou revenus des convalefcens.

21.

CHAQUE Major de brigade formera de même, fur les billets des Majors des régimens qui la compofent, un billet

75

détaillé qu'il enverra au Major de l'aile; & celui-ci sur la totalité
des brigades de l'aile, en formera un général qu'il enverra
chaque jour au Maréchal général des logis de la Cavalerie.

22.

LE Maréchal général des logis de la Cavalerie, formera pareillement, sur les appels des ailes, un appel total de la Cavalerie
de l'armée, qu'il remettra au Général à l'heure de l'ordre.

23.

LA Messe sera sonnée les jours ouvriers par le Trompette
de piquet.

Le Dimanche & les jours de Fêtes, tous les Trompettes
la sonneront au centre du régiment.

On aura attention dans les brigades, que les Messes des
régimens se disent à des heures différentes.

24.

LES jours de Fêtes après le premier appel de la Messe,
les Cavaliers s'assembleront en haie dans les rues du camp,
sans armes, mais habillés; les Officiers des compagnies en
feront l'appel, & ensuite l'inspection, pour voir s'il ne manque
rien à leur habillement & à leur tenue, & au troisième appel
de la Messe, ils les feront rompre par quatre, se mettront à
leur tête, & les conduiront en ordre à la chapelle ou à la
tente où la Messe devra se dire.

25.

LES chevaux des Cavaliers iront à l'abreuvoir aussitôt après
les gardes montées, toute la compagnie ensemble, un Maréchal-des-logis à la tête & un Brigadier à la queue; un Lieutenant
ou Sous-lieutenant de corvée par régiment les conduira à
l'abreuvoir, & les ramènera dans le même ordre au camp.

Il en sera usé de même le soir une heure avant la retraite.

Pendant les grandes chaleurs, s'il étoit nécessaire de mener
les chevaux à l'abreuvoir plus souvent, l'heure en seroit marquée
par les Commandans des brigades.

Ils règleront de même l'heure à laquelle on pansera les

chevaux, & on donnera l'avoine; les Lieutenans ou Sous-lieutenans de femaine feront tenus de s'y trouver chaque fois.

26.

APRÈS que les gardes feront parties, les piquets rentrés dans le camp, & les chevaux revenus de l'abreuvoir, les Fourriers feront balayer les rues & la tête du camp, jufqu'à quinze toifes en avant du front de bandière.

27.

DANS les camps de féjour, le front de bandière fera barré jufqu'à la même diftance par des travées, afin d'empêcher les chevaux d'y paffer.

28.

DÈS que le camp aura été balayé, on arborera les étendards fi le temps le permet, ainfi qu'il eft marqué *au Titre XI.*

29.

TOUTES les fois que les Cavaliers auront befoin d'être conduits au bois, ils y feront menés par des efcortes armées, ainfi qu'il a été dit *au Titre IX, de l'Établiffement du camp.*

30.

COMME il eft néceffaire d'aller à l'eau plufieurs fois dans la journée, les Cavaliers de chaque compagnie pourront y aller conduits par un bas Officier armé.

31.

LES Valets pourront aller au bois & à l'eau fans efcorte; mais ils feront févèrement punis des dégâts qu'ils commettront.

32.

LA punition de la garde du camp ayant été abolie, à caufe des maladies qui en réfultoient, il y fera fuppléé par celle du piquet.

33.

A cet effet il fera planté près de la garde du camp de chaque régiment, un poteau avec un piquet au bas, où l'on mettra tous les Cavaliers qui manqueront à quelques points de difcipline.

34. LE

77

34.

LE nombre des heures qu'ils y refteront, & des jours qu'ils continueront d'y être mis, fera proportionné aux fautes qu'ils auront commifes.

35.

CES Cavaliers feront en outre employés à toutes les corvées du camp, & les Maréchaux-des-logis de piquet auront l'état de tous ceux de leur régiment condamnés au piquet, afin de leur faire faire les travaux ordonnés.

36.

LA punition du piquet & des corvées, n'empêchera pas que les Cavaliers ne faffent leur fervice à leur tour, & lorfqu'ils l'auront fini, ils achèveront de fubir la punition à laquelle ils auront été condamnés.

37.

LES Lieutenans ou Sous-lieutenans de femaine, feront tous les matins la vifite des tentes, afin de voir fi les Cavaliers font propres, fi leurs équipages font en bon état, fi les ordinaires font bien conduits, & ils en rendront compte à leur Capitaine.

38.

ILS feront également tous les jours la vifite des armes; ils s'adrefferont à leur Capitaine, & ceux-ci aux Officiers fupérieurs du régiment, pour qu'il y foit ordonné les réparations néceffaires, & ils tiendront la main à ce qu'elles foient bien & promptement faites.

39.

ILS veilleront de même, ainfi que les Sergens-majors & autres bas Officiers, lorfque la diftribution de la poudre, des balles & des pierres à fufil aura été faite, à ce que les Cavaliers aient toujours leurs porte-cartouches garnies, & chacun deux pierres de rechange, avec les autres petits uftenfiles néceffaires pour la propreté & l'entretien des armes.

u

40.

A mesure que ces munitions seront consommées, les Majors des régimens en informeront le Maréchal général des logis de la Cavalerie, afin qu'il puisse les faire remplacer.

41.

A U cas que les cartouches fussent mouillées, ils seront tenus de faire rapporter les balles au parc de l'Artillerie, sans quoi la retenue en sera faite aux régimens.

42.

D A N S les camps où l'armée séjournera plus de deux jours, on fera manœuvrer les régimens en tout ou en partie, le plus souvent qu'il sera possible.

43.

L A Cavalerie manœuvrera par escadron, par régiment & même par brigade lorsque les Commandans des ailes le jugeront à propos.

44.

L O R S Q U ' I L S ordonneront d'exercer la Cavalerie à tirer, pour accoutumer les chevaux au feu, les Cavaliers n'emploîront jamais dans les exercices les munitions qui seront dans leurs cartouches, mais seulement la poudre qui leur sera donnée à cet effet.

45.

L E S Fourriers auront attention de retirer la poudre & les balles des Cavaliers de leur compagnie qui seront envoyés aux hôpitaux, & de les donner à ceux qui en manqueront.

46.

L O R S Q U ' A P R È S la pluie il sera nécessaire de faire décharger les mousquetons, les Fourriers auront soin de faire décharger avec un tire-bourre ceux qui auront été mouillés; & s'il y en a qu'on ne puisse décharger de cette manière, ils ne pourront être tirés qu'entre neuf & dix heures du matin en présence d'un Officier de piquet qui prendra les précautions nécessaires pour éviter les accidens.

79

47.

DANS les camps de séjour, il sera établi à la tête du camp de chaque brigade, des jeux de barres & autres propres à amuser le Cavalier & à augmenter son agilité & sa force.

48.

LES Brigadiers & Commandans des corps, auront soin d'exciter sur cet objet l'émulation du Cavalier en assistant eux-mêmes fréquemment à ces jeux.

49.

LES Cavaliers qui auront besoin d'aller au quartier général, y seront conduits par des Officiers subalternes & bas Officiers en proportion de leur nombre.

50.

CES Officiers & bas Officiers les assembleront à sept heures du matin à la tête du camp de leur régiment, en feront l'appel, & les conduiront jusqu'à l'entrée du quartier général, où ils leur donneront un rendez-vous pour se rassembler à onze heures, en feront alors de nouveau l'appel & les ramèneront au camp; les Cavaliers qui y auront manqué seront punis en arrivant au camp par le piquet ou par des corvées.

51.

DE tout le reste de la journée, il ne sera plus permis à aucun Cavalier de sortir du camp de son régiment, à moins d'être conduit par un bas Officier.

52.

LES jours de marche, les Cavaliers seront conduits au quartier général une heure après l'arrivée dans le camp dans l'ordre indiqué ci-dessus, & ils en seront ramenés de même.

53.

LA sûreté de l'armée exigeant qu'il y ait toujours au camp un assez grand nombre d'Officiers, pour se mettre à la tête des Troupes en cas d'événement, il ne s'en absentera jamais plus de la moitié, & les Chefs des corps en répondront.

54.

LES Officiers supérieurs des régimens, ne s'absenteront de même jamais tous à la fois, & il restera toujours ou un des Mestres-de-camp, ou le Lieutenant-colonel, ou le Major.

55.

LE Capitaine de piquet dans chaque aile, l'Adjudant de piquet dans les brigades, les Officiers de semaine dans les régimens, ainsi que les Officiers premiers & seconds à marcher, ne pourront quitter le camp sous tel prétexte que ce puisse être.

56.

LA propreté des Cavaliers contribuant à leur santé, lorsqu'il y aura des rivières ou ruisseaux à portée, & que la saison le permettra, on les y mènera baigner fréquemment, conduits par des Officiers & bas Officiers.

57.

LES Majors des régimens feront reconnoître auparavant des endroits sablonneux & guéables; aucun Cavalier ne pourra s'écarter des limites qui seront marquées & y aller sans escorte.

58.

ON ne se servira pas dans les camps, du mot *arrête* pour quelque chose que ce soit; & s'il s'agit de faire arrêter quelqu'un qui fuit, on criera *au voleur*.

59.

LE terme d'*alerte* sera aussi interdit dans tous les postes pour y faire prendre les armes, ou monter à cheval; & les Officiers & bas Officiers de ces postes tiendront la main à ce qu'on se serve du cri *aux armes*, si c'est un poste à pied, & *à cheval*, si c'est une garde à cheval.

60.

LES Trompettes ne sonneront que les sonneries ordonnées pour leurs écoles qu'ils ne commenceront jamais par le *boute-selle*, ni la sonnerie *aux armes*, & qu'ils feront ordinairement d'abord après le départ des gardes.

TITRE

TITRE XIX.

De l'Assemblée, Inspection & conduite des Gardes.

ARTICLE PREMIER.

L'HEURE de la garde sera fixée depuis le 1.er Mai jusqu'au 1.er Septembre, à sept heures du matin, & à huit depuis le 1.er Septembre.

2.

IL n'y aura plus d'inspection générale, chaque aile sera particulièrement celle des gardes & détachemens qu'elle devra fournir.

3.

UNE demi-heure avant qu'on sonne *la garde*, les Majors des régimens assembleront à la tête de leur camp les détachemens destinés, tant pour les gardes du camp & les grandes gardes, que pour celles des Généraux de la Cavalerie & Brigadiers ; & ils les visiteront pour s'assurer qu'elles soient pourvues de munitions de guerre, de pain, marmites, ustensiles & outils qu'elles devront avoir suivant le service auquel elles seront destinées.

4.

LES Officiers commandés, joindront à la tête de leurs régimens les détachemens avec lesquels ils devront marcher.

Ils en feront eux-mêmes l'inspection, en présence du Major, & ils en compteront les hommes & les chevaux pour être sûrs qu'il y en ait le nombre ordonné.

5.

LORSQUE l'Infanterie battra *la garde*, les Gardes du camp, celles des Généraux de la Cavalerie & des Brigadiers, & celles du quartier général, se rendront en droiture à la tête du camp de leurs régimens au lieu de leur destination.

A l'égard des grandes gardes, elles se porteront en avant

x

du centre de leurs brigades, où le Brigadier & le Major de brigade en feront l'infpection.

6.

APRÈS que cette infpection fera finie, l'Adjudant de piquet de femaine de chaque brigade, les conduira en avant du centre de la première ligne de l'aile où le Brigadier & le Major de brigade en feront l'infpection.

7.

L'INSPECTION des gardes de l'aile ainfi affemblées, fera faite par les Officiers généraux de jour & de l'aile, les Officiers fupérieurs de piquet, & par le Maréchal général des logis de la Cavalerie lorfqu'ils le jugeront à propos.

Lorfque ces Officiers ne fe trouveront pas à l'affemblée des gardes, le Major de l'aile, après en avoir fait l'infpection, les fera partir pour leurs poftes.

8.

LES Majors des régimens auront foin de faire trouver au rendez-vous des gardes, les Cavaliers d'ordonnance des poftes qu'ils auront fournis la veille.

Ces Cavaliers fe mettront à l'infpection en face de la garde qu'ils auront à conduire, & en prendront la tête lorfqu'elle défilera.

9.

L'INSPECTION étant faite, lorfque l'Officier général aura ordonné au Major de l'aile, de faire défiler, celui-ci les fera rompre & défiler conformément à ce qui eft prefcrit dans l'Ordonnance *des manœuvres des Troupes à cheval.*

10.

LES Officiers commandant les grandes gardes ou déta-chemens, obferveront dès qu'ils auront paffé les gardes du camp de l'Infanterie, de conduire leurs gardes ou détachemens, conformément à ce qui eft prefcrit ci-après au *Titre XXI.*

11.

QUAND la nouvelle garde arrivera à fon pofte, fon

8;

arrière-garde rentrera dans la troupe, & après qu'elle aura ════════
été reconnue par celle qu'elle relève, les deux gardes mettront TITRE XIX.
le sabre à la main, leurs Trompettes sonneront, & la nouvelle
se mettra en bataille à la droite de l'ancienne.

12.

LES Officiers, Maréchaux-des-logis & Brigadiers qui
descendront la garde, donneront exactement la consigne à
ceux qui les relèveront.

13.

TOUTES les consignes seront données par écrit aux
Officiers de garde, par les Officiers généraux & supérieurs
qui placeront les gardes, ou par les Majors des brigades qui
les fourniront, & les Officiers de garde seront tenus de
se donner des reçus desdites consignes.

14.

LE Capitaine de la nouvelle garde fera relever le petit
corps-de-garde, & les Brigadiers des deux gardes iront ensuite
relever les vedettes.

15.

PENDANT qu'on relèvera les vedettes, les deux Capitaines
visiteront ensemble les flancs & les avenues du poste; celui
qui relève prendra de l'autre les éclaircissemens nécessaires
sur tout ce qui peut contribuer à la sûreté.

16.

LES deux Lieutenans iront ensuite reconnoître le poste de
nuit, ainsi que les chemins & les endroits où les patrouilles
devront se porter pendant la nuit.

17.

LORSQUE la vieille garde partira, le Commandant de
la nouvelle enverra avec elle un Cavalier intelligent de sa
garde, qui ira à l'ordonnance chez le Major de son régiment;
ce Cavalier lui apportera les ordres qui pourront survenir &
conduira le lendemain la garde qui devra le relever.

18.

LES premières gardes qui seront posées à l'arrivée de l'armée dans le camp, ou celles qui seront commandées d'augmentation, seront conduites par ceux qui auront été chargés de reconnoître leurs postes.

19.

LES grandes gardes étant plutôt destinées à avertir qu'à combattre, ne seront ordinairement que de deux, trois ou quatre escouades commandées par un Capitaine en second, un Lieutenant, Sous-lieutenant ou Maréchal-des-logis.

20.

LES jours de marche, chaque brigade enverra avec ses campemens, un détachement de quatre escouades pour servir de nouvelles gardes en arrivant au camp si cela est nécessaire.

TITRE XX.

Du service des Gardes dans leurs Postes.

ARTICLE PREMIER.

A l'arrivée d'une garde à son poste, soit qu'elle en relève une autre ou non, le Commandant la disposera comme il voudroit qu'elle fût en cas d'attaque.

2.

LES Brigadiers & Majors de brigades, veilleront personnellement à ce que les grandes gardes de leurs brigades soient en état & fassent leur devoir.

3.

LORSQU'ON arrivera au nouveau camp, ils visiteront les postes qu'auront fournis leurs brigades.

4.

LE Commandant du poste fera placer les vedettes, ou les changera s'il les trouve mal placées; observant autant qu'il

fera

sera possible, de les poster dans les endroits où elles puissent découvrir de plus loin, & de les placer toujours doublées lorsqu'elles seront fort à portée de l'ennemi.

Il en augmentera ou diminuera le nombre selon qu'il le jugera à propos, & se fera rendre compte de leurs consignes.

5.

LE Commandant de la grande garde fera demeurer la troupe entière à cheval lorsque sa sûreté le demandera.

Le reste du temps il fera mettre pied à terre à une partie de sa garde pour faire manger les chevaux; observant qu'il y ait toujours un Officier à cheval lorsqu'ils seront deux, & au moins un quart de rang, non compris celui qui formera le petit corps-de-garde.

6.

S'IL y a des bois ou des haies à portée du poste, il les fera fouiller par un bas Officier entendu & quelques Cavaliers, avant de faire mettre pied à terre à la troupe; & quand même le pays paroîtroit uni & découvert autour de lui, il ne laissera pas d'envoyer à une certaine distance en avant de ses vedettes, pour examiner s'il n'y auroit point de ravins ou chemins creux où l'ennemi pût se cacher; s'il s'en trouve, il aura soin de les faire éclairer souvent dans la journée.

7.

IL entretiendra une communication libre avec les gardes voisines, soit de Cavalerie, soit d'Infanterie, afin que rien ne puisse passer entr'elles & lui sans être vu.

Les Commandans de ces gardes s'avertiront réciproquement de ce qu'elles pourroient voir ou apprendre.

8.

LE Commandant de la garde visitera souvent les vedettes pour s'assurer de leur vigilance, & pour juger si toutes les avenues de son poste sont bien gardées.

9.

IL fera reconnoître pendant le jour les chemins que les

y

patrouilles auront à tenir pendant la nuit, & sera faire ces reconnoissances par ceux même qu'il destinera à faire ces patrouilles.

10.

VERS le soir il expliquera aux Officiers & bas Officiers qui seront avec lui, la manière dont ils devront faire leurs rondes & patrouilles dans la nuit; mais les heures n'en seront jamais réglées, & il les fera partir quand il le jugera à propos.

11.

AU coucher du soleil, le Commandant de la garde la fera monter à cheval, fera retirer ses vedettes & se retirera au poste de nuit, son petit corps-de-garde faisant son arriére-garde. En faisant cette retraite, il fera deux haltes; il observera de se retirer en même temps que les gardes qui seront à sa droite & à sa gauche.

12.

LA garde ordinaire étant arrivée au poste de nuit, le Commandant enverra à l'abreuvoir. On fera boire ordinairement les chevaux de la garde avant d'aller prendre le poste du jour, le soir après être revenu au poste de nuit & au milieu de la journée dans les grandes chaleurs; mais lorsque la proximité de l'ennemi obligera à de plus grandes précautions, on n'ira point pendant la journée.

13.

QUAND on ira à l'abreuvoir, le Commandant de la garde la fera monter toute entière à cheval, & y enverra successivement un quart de rang, ou une division conduite par un Officier ou bas Officier.

14

ON aura attention d'envoyer le soir, le premier à l'abreuvoir, le quart de rang qui devra relever le petit corps-de-garde.

15.

APRÈS que tous les chevaux de la garde seront revenus

87

de l'abreuvoir, & que le petit corps-de-garde, les vedettes &
sentinelles auront été placées; si la position le permet, le
Commandant de la garde lui fera mettre pied à terre, & il
en fera l'appel; mais il fera rester toujours, non compris le
petit corps-de-garde qui sera à cheval, un quart de rang
bridé, dont les Cavaliers tiendront les chevaux par la bride.

Les vedettes seront toujours doublées pendant la nuit, &
elles seront placées assez près l'une de l'autre, pour qu'il ne
puisse passer personne entr'elles sans être entendu.

16.

LE Commandant de la garde, donnera ensuite à ses
Officiers & bas Officiers, le mot de l'*Ordre* & du *Ralliement*,
qui lui aura été envoyé cacheté par le Major de son régiment.

17.

IL veillera à ce que les Cavaliers se tiennent toute la
nuit autour du feu, vis-à-vis leur poste & sans dormir.

18.

IL fera faire pendant la nuit, en avant de son poste, des
patrouilles plus ou moins fréquentes, suivant les circonstances.

19.

CELUI qui sera chargé de faire la patrouille, prendra avec
lui deux Cavaliers, à son choix, & partira après avoir reçu
ses ordres.

20.

IL observera de marcher avec le moins de bruit qu'il sera
possible, & de faire halte de temps en temps pour écouter.

21.

QUELQUE rencontre qu'il fasse, il ne tirera jamais que
lorsqu'étant coupé, il ne pourra retourner à son poste pour
l'avertir.

22.

SA tournée étant finie, il s'arrêtera lorsque la vedette du
poste lui aura crié *Halte-là*, & il attendra qu'un Brigadier
escorté de deux Cavaliers, vienne le reconnoître & recevoir

de lui, le mot de *Ralliement*, ainſi qu'il eſt preſcrit au *Titre X,*

23.

DÈS qu'il aura été réconnu, on le laiſſera entrer dans le poſte avec ſes Cavaliers, & il rendra compte au Commandant de ce qu'il aura vu & entendu.

24.

IL rendra pareillement compte de la vigilance des vedettes & ſentinelles.

Les Commandans des patrouilles, qui ſe feront écartés de leur poſte ou du chemin qu'ils doivent tenir, ſeront ſévèrement punis.

25.

DANS les poſtes expoſés où il ſeroit à craindre que le cri des vedettes & ſentinelles ne les fît découvrir, on leur donnera de même qu'à ceux qui feront les patrouilles, un ſignal muet dont on ſera convenu.

26.

AVANT le point du jour, toute la garde montera à cheval; & lorſqu'il fera bien jour, on détachera du quart du rang qui devra être placé au poſte de jour, en petit corps-de-garde, un Maréchal-des-logis, avec ſix Cavaliers par la droite; & un Brigadier, avec le même nombre par la gauche, pour aller faire la découverte dans tous les endroits que le Commandant leur aura marqués, & ils viſiteront tous les lieux autour & circonvoiſins du poſte que la garde ordinaire devra aller reprendre, où l'ennemi auroit pu s'embuſquer.

Ils placeront de diſtance en diſtance ces Cavaliers en vedettes, dans le terrein qu'ils parcourront.

Lorſque les deux bas Officiers ſe feront rejoints, le Maréchal-des-logis reſtera avec la vedette la plus avancée, & le Brigadier viendra rendre compte au Commandant de la garde.

Les jours de brouillard, la découverte demandera encore plus de précautions de la part des bas Officiers.

27. LA

27.

LA découverte étant faite, & le brouillard diffipé, de manière qu'on puiffe voir autour de foi, le Commandant de la garde y ayant fait rentrer le petit corps-de-garde & les vedettes du pofte de la nuit, marchera pour reprendre fon pofte de jour; & s'il y a une garde d'Infanterie dans le cas d'aller fe placer auprès du fien, elles obferveront d'y marcher enfemble, pour fe protéger mutuellement.

28.

LORSQUE la garde fera arrivée à fon pofte de jour, le Commandant fe portera, avec le Brigadier qui aura fait la découverte, à la vedette la plus avancée, où fera refté le Maréchal-des-logis; & après avoir vu par lui-même la vérité du rapport qui lui aura été fait, il enverra ces deux bas Officiers retirer les vedettes qu'ils avoient placées; il en formera le petit corps-de-garde, fera pofter les vedettes de jour, & donnera au Maréchal-des-logis, les confignes qu'il jugera néceffaires.

29.

TOUT cela étant exécuté, le Commandant reviendra à fa garde, &, fuivant les circonflances, en fera mettre une partie pied à terre, ainfi qu'il a été expliqué ci-deffus, *article 5.*

Lorfque la grande garde fera au-deffous de quatre efcouades, l'Officier qui la commandera exécutera tout ce qui eft prefcrit ci-deffus, à proportion de la force de fa garde.

30.

DÈS que les vedettes apercevront une troupe de quatre ou cinq perfonnes, qui viendra de leur côté, ils la feront arrêter, avertiront le petit corps-de-garde fi cette troupe vient du côté de l'ennemi, ou la garde fi c'eft par le côté du camp ou par les flancs.

31.

AUSSITÔT le Commandant du petit corps-de-garde,

Z

ou celui de la garde, enverront deux Cavaliers au galop, le mousqueton haut, à trente pas en avant de la vedette qui aura averti pour reconnoître la troupe, & la garde montera en même temps à cheval.

Lorsque les deux Cavaliers seront à portée d'être entendus, ils crieront: *Qui vive!* Et ensuite: *De quel régiment!* & si c'est des Officiers généraux; *De quel grade...!*

32.

LES Cavaliers ayant reconnu la troupe, par les réponses qui leur auront été faites, un des deux ira rendre compte au Commandant de la garde; l'autre se retirera auprès de la vedette, d'où il criera à la troupe venante: *Halte-là.* Et lorsque le Commandant lui aura envoyé dire de laisser approcher ou passer, il retournera à son poste, après avoir averti ceux qu'il aura arrêtés, qu'ils peuvent avancer.

33.

LE Commandant du poste fera rester sa garde en état, jusqu'à ce que la troupe soit passée & hors de sa vue; & si ce sont les Officiers généraux de jour ou les Officiers supérieurs de piquet, il leur fera rendre les honneurs qui leur sont dûs, ainsi qu'il sera dit au *Titre XXXV, des Honneurs Militaires, article 3.*

34.

LES honneurs rendus par les différentes sonneries de Trompettes cesseront à la retraite, & ne recommenceront qu'à l'heure marquée pour battre *la garde.*

35.

LORSQUE les Officiers généraux de jour & supérieurs de piquet, visiteront les gardes la nuit, ils seront reçus par elles, comme il a été dit pour le piquet, *Titre X.*

36.

LE Maréchal général des logis de la Cavalerie, aura le droit de visiter les grandes gardes, dont les Commandans exécuteront ce qu'il leur prescrira de la part du Général de l'armée, ou de celui de la Cavalerie; & il sera reçu par les gardes, comme le Brigadier de piquet, ou dans son grade, s'il en a un supérieur.

37.

S I pendant la nuit, il se présente une troupe devant un poste pour entrer au camp, l'Officier qui la commandera sera obligé de venir, avec le bas Officier qui aura été le reconnoître, trouver le Commandant du poste; & celui-ci la fera rester à l'écart, & ne la laissera pas entrer, quoiqu'il l'ait positivement reconnue pour être un détachement de l'armée, à moins d'un ordre par écrit du Général, du Maréchal général des logis de la Cavalerie, ou des Officiers généraux de jour.

38.

L E S Commandans des gardes permettront néanmoins à l'Officier qui commandera cette troupe, s'il a des nouvelles pressées à donner au Général, d'aller chez lui ou d'y envoyer.

39.

L E S étrangers qui se présenteront au camp, & qui mériteront *attention*, seront conduits au Maréchal général des logis de la Cavalerie.

40.

L E S gardes ne laisseront jamais arriver jusqu'à leurs postes les Tambours ou Trompettes venant des ennemis; les vedettes les feront arrêter aussitôt qu'elles les apercevront, avertiront sur le champ le Commandant de la garde.

41.

C E L U I - C I enverra son Lieutenant ou son Maréchal-des-logis, recevoir les paquets dont les Tambours ou Trompettes pourroient être chargés, leur en donnera un reçu, & les fera repartir sur le champ pour retourner à leur armée, sans permettre qu'ils s'arrètent à portée du poste.

Il enverra ensuite les paquets au Général de l'armée.

42.

L O R S Q U ' U N Tambour ou Trompette ennemi, entrera

dans le camp fans avoir été arrêté par les grandes gardes, le Commandant du pofte où il aura paffé fera envoyé en prifon.

43.

A l'égard des déferteurs, on commencera par les défarmer; fi le logement du Maréchal général des logis de la Cavalerie étoit trop éloigné ou qu'il n'y eût pas de fûreté à les y conduire, on les fera garder à vue. S'ils arrivent en grand nombre, on ne les laiffera pas approcher, mais on les fera demeurer à quelque diftance de la garde qui les mènera avec elle au camp en defcendant la garde.

On défarmera les déferteurs, & on ne leur laiffera vendre ni leurs chevaux ni aucune partie de leur équipement, jufqu'à ce qu'ils aient été conduits au Maréchal général des logis de la Cavalerie, qui en ordonnera d'après les ordres du Général.

44

LES grandes gardes qui feront en avant & fur les flancs du camp, n'en laifferont fortir aucun Soldat, Cavalier ou Dragon, elles arrêteront ceux qui tenteroient de paffer au-delà, les enverront au Prévôt, & en donneront avis en même temps au Maréchal général des logis de la Cavalerie.

45.

LES gardes poftées fur les derrières du camp, obferveront la même chofe; à l'exception qu'elles laifferont paffer les Soldats, Cavaliers ou Dragons, qui auront des congés en la forme prefcrite par les Ordonnances.

46.

ELLES ne cauferont ni les unes ni les autres, aucun trouble ni empêchement aux allans & venans pour le commerce & la fubfiftance du camp; mais au contraire, elles leur procureront toute la liberté & fûreté néceffaires, ainfi qu'à ceux qui apporteront des vivres & denrées.

47.

LES Officiers & bas Officiers, refteront affiduement à
leurs

93.

leurs postes pendant tout le temps de leur garde, & ils
contiendront exactement les Cavaliers, de manière que nul
ne s'en écarte sous tel prétexte que ce soit.

48.

TOUTE garde postée pour la sûreté de l'armée, ne changera
jamais la position de son poste, & ne le quittera qu'après avoir
été relevée par une autre, ou par un ordre par écrit, soit du
Général, du Maréchal général des logis de la Cavalerie, ou du
Major de brigade, à moins qu'un Officier général de jour
ou Officier supérieur de piquet, ne vienne la déplacer ou la
retirer, ou qu'elle soit attaquée par une force supérieure.

49.

LE Commandant d'une garde, ne pourra refuser de se
laisser relever par une autre garde, sous prétexte qu'elle seroit
moins nombreuse que la sienne, ou commandée par un
Officier d'un grade inférieur au sien; mais s'il arrivoit qu'une
troupe se présentât à une garde pour la relever, sans avoir
été annoncée à l'ordre, & sans que celui qui la commande
fût porteur d'un ordre signé du Général, de l'État-major
général de la Cavalerie ou du Major de l'aile, l'ancienne
garde restera à son poste, faisant tenir l'autre à quelque
distance d'elle, jusqu'à ce que l'ordre lui soit arrivé de se
laisser relever.

50.

QUAND il y aura des consignes particulières ou de
nouveaux ordres à donner aux postes, ils ne pourront l'être
que par les Officiers généraux de jour ou de l'aile, les Officiers
supérieurs de piquet & ceux de l'État-major général de la
Cavalerie, qui les donneront par écrit ou par des billets
signés du Maréchal général des logis de la Cavalerie, ou du
Major de brigade.

51.

LES Commandans des postes, feront passer promptement,
par un Cavalier intelligent de leur garde, au Major de
l'aile, les nouvelles intéressantes qu'ils apprendront des ennemis

pendant la durée de leur garde, & si cela étoit fort pressant, comme la marche d'un corps de Troupes, ils le manderont en même temps au Général.

Ils se conformeront pour la manière de faire leur rapport, à ce qui est prescrit au *Titre XIV, article 14.*

52.

LE Lieutenant qui devra être détaché du poste du Capitaine, marchera avec lui jusqu'au poste que le Capitaine devra occuper, où il le quittera pour aller prendre le sien conduit par un Cavalier d'ordonnance.

53.

LE Capitaine enverra pendant la journée, le mot d'*Ordre* ou de *Ralliement*, au Lieutenant détaché de son poste, & celui-ci ne le donnera que le soir aux bas Officiers qui seront avec lui.

54.

LE Lieutenant détaché n'enverra pas d'ordonnance chez le Major du régiment, mais au poste du Capitaine.

56.

IL se conduira pour relever le poste, pour sa sûreté & pour son service, de la même manière qu'il est dit ci-dessus pour le Capitaine.

56.

LORQU'IL sera relevé, il viendra rejoindre le Capitaine à son poste, pour retourner au camp avec lui, sans que ni l'un ni l'autre puisse s'en retourner séparément.

57.

LES Officiers de garde descendront exactement la parade, à la tête du camp de leur régiment.

58.

ILS y mettront leur détachement en bataille, en feront l'appel, & après lui avoir fait faire demi-tour à droite, ils le feront rentrer dans le camp.

59.

ILS iront enfuite rendre compte à leurs Brigadiers, des Cavaliers qui pourront manquer, & des autres chofes qui mériteront attention.

60.

ILS en informeront pareillement le Major de leur brigade, & celui-ci en rendra compte au Maréchal général des logis de la Cavalerie.

61.

LA garde du quartier général recevra les ordres du Lieutenant de Roi ou du Major du quartier général, pour tout ce qui regardera la police de ce quartier & les patrouilles à y faire, & le reconnoîtra de même que le Lieutenant de Roi ou le Major d'une ville de guerre.

62.

LORSQUE les patrouilles de cette garde auront arrêté des Soldats, Cavaliers, Dragons, Vivandiers, Valets ou gens fans aveu, elles les conduiront au corps-de-garde de la place, & les remettront au Capitaine qui la commandera, en l'informant des caufes pour lefquelles elles les auront arrêtés.

Les Commandans de ces patrouilles, inftruiront à leur retour, le Capitaine de leur garde de ce qu'ils auront fait, afin que celui-ci puiffe en rendre compte au Maréchal général des logis de la Cavalerie.

63.

LA garde du quartier général donnera main-forte au détachement de la Prévôté, toutes les fois qu'elle en fera requife, ainfi qu'au Vaguemeftre général les jours de marche pour la police des équipages; & elle fournira au Prévôt les efcortes qui feront par lui demandées pour fes détachemens.

64.

LES jours de marche, la garde du quartier général marchera à la tête des voitures du Tréfor.

65.

LE Capitaine commandant la garde du quartier général, prendra tous les jours les ordres du Général, à l'heure de l'ordre; & il l'escortera lorsque cela lui sera ordonné.

66.

IL enverra tous les jours son Maréchal-des-logis prendre le *mot* & l'*ordre* chez le Lieutenant de Roi ou Major du quartier général.

TITRE XXI.

Instruction particulière pour les grandes Gardes de Cavalerie.

TOUTE grande garde de Cavalerie, sera partagée en deux ou quatre divisions, suivant sa force.

Dès qu'une grande garde de Cavalerie sortira des gardes du camp, l'Officier qui la commandera, détachera une avant-garde composée de la première division, en tout ou en partie, & commandée par un Officier ou bas Officier, suivant la force de la garde.

Ces avant-gardes porteront pendant le jour, le mousqueton haut; elles ne s'avanceront jamais à plus de cent pas de la troupe, & elles pousseront devant elle & sur les flancs, les Cavaliers nécessaires pour éclairer la marche.

Pendant la nuit elles marcheront le sabre à la main, afin que si elles rencontroient l'ennemi, elles pussent le charger vivement, sans lui donner le temps de se reconnoître; & elles seront suivies & soutenues de plus près de la troupe entière.

Un Officier ou bas Officier, suivant la force de la grande garde, sera détaché avec une petite troupe pour marcher cinquante pas derrière elle; cette arrière-garde se fera suivre à trente pas, par un ou deux Cavaliers, pour l'avertir de ce qui pourroit venir derrière elle.

Lorsque

97

Lorſque la grand-garde arrivera à ſon poſte, le Commandant
ira lui-même placer le petit corps-de-garde compoſé de la
totalité ou d'une partie de ſa première diviſion; il ſera enſuite
poſer les vedettes qui devront entourer non-ſeulement ce
petit corps-de-garde, mais la troupe entière, & il les diſpoſera
de manière qu'elles puiſſent s'il eſt poſſible, tout découvrir
ſans être elle-même en vue.

Il tâchera de couvrir ſa troupe de quelque butte ou hauteur,
pour empêcher l'ennemi d'en connoître la force, de façon
cependant qu'au beſoin elle puiſſe facilement ſe porter en
avant ou ſe retirer; il aura attention qu'elle n'ait pas près
d'elle ſur ſes derrières, de ravins ou de défilés, & qu'elle ne
ſoit pas maſquée de trop près, par un bois ou quelqu'autre
obſtacle qui pourroit empêcher qu'elle ne s'aperçût de l'arrivée
de l'ennemi.

Quand cette troupe ſera obligée de ſe retirer après avoir
fait rentrer ſon petit corps-de-garde, elle fera ce mouvement
par diviſion; la première marchant quelques pas en avant
pendant que la ſeconde fera une demi-converſion, & ſe
portera au trot à cent pas en arrière où elle fera volte-face;
au moment où elle ſera reformée, la première diviſion fera
ſa demi-converſion pour aller joindre la ſeconde, & ainſi
ſucceſſivement juſqu'à ce que la grand-garde ait gagné le
terrein où elle ſera en ſûreté; ſa retraite ſe fera d'ailleurs plus
ou moins promptement, ſuivant la manière dont elle ſera ſuivie.

L'objet d'une grand-garde de Cavalerie étant d'avertir &
non de combattre, le Commandant doit s'occuper de bien
éclairer en avant de lui, d'inſtruire promptement, & ſi le
temps le permet, par écrit de ce qui en vaudra la peine, le
Général, les poſtes d'Infanterie & de Cavalerie qui ſont les
plus proches de lui, & le Major de ſon aile; & dans les cas
preſſés, les brigades de Cavalerie ou d'Infanterie qui ſeroient
les plus menacées d'attaque, ces rapports ſe feront dans la
forme preſcrite au Titre XIV, article 14.

Lorſque l'ennemi arrivera ſur lui en force à peu-près égale
à ſa troupe, il retirera ſon petit corps-de-garde & ſes vedettes,

bb

TITRE XXI.

& se repliera lentement sans s'amuser à escarmoucher, calculant le terrein que l'ennemi a à parcourir pour arriver sur lui, & celui qu'il a à traverser pour gagner le poste qui doit le soutenir, ou le camp, de manière qu'il ait le temps de faire sa retraite en bon ordre & sans être obligé de combattre.

Si cependant par quelque circonstance qu'il n'auroit pu ni prévoir ni prévenir, il se trouvoit entouré par l'ennemi, il prendroit alors en homme de courage, le parti de se faire jour le sabre à la main, & de regagner le camp par une charge vigoureuse, toute capitulation dans ce cas, lui étant expressément défendue.

TITRE XXII.
Des Vedettes & Sentinelles.

ARTICLE PREMIER.

LES Vedettes & Sentinelles seront toujours placées à portée, & s'il se peut en vue de la garde qui les pose.

Si pour quelque raison particulière, on étoit obligé d'en placer une assez éloignée, pour n'être ni vue ni entendue du poste; l'Officier qui le commandera fera poser une vedette intermédiaire qui puisse la voir & l'entendre, & avertir le poste.

2.

LES sentinelles des postes seront relevées de deux heures en deux heures, sans qu'on puisse les laisser plus long-temps en faction.

3.

LORSQU'ON campera dans les temps de grandes gelées, on les relèvera toutes les heures, & même plus souvent si cela étoit nécessaire.

4.

AVANT que les vedettes & sentinelles partent du poste,

99

elles feront préfentées par le Brigadier de pofe, à l'Officier qui le commandera.

5.

CELUI-CI examinera fi elles font en état de tout point, & fi leurs armes font chargées.

6.

IL aura foin avant leur départ, de régler les lieux où chacune d'elle devra être pofée; les plus anciens Cavaliers devant toujours être placés en vedettes ou en faction dans les poftes les plus avancés.

7.

ILS partiront tous enfuite fous la conduite du Brigadier, qui, fi ce font des vedettes, marchera à leur tête le fabre à la main, les vedettes le fuivant deux à deux le moufqueton haut fans le quitter, ni l'aller attendre en chemin, fous quelque prétexte que ce puiffe être; fi ce font des fentinelles, les Cavaliers porteront le moufqueton au bras.

Le Brigadier commencera toujours par relever les vedettes ou fentinelles les plus avancées.

8.

CELLES qui feront relevées le fuivront de même pour revenir au pofte, & aucune d'elle ne pourra defcendre de cheval, ou pofer fes armes, qu'après que le Brigadier les aura préfentées à l'Officier & qu'il aura ordonné de les faire rentrer.

9.

LES vedettes & fentinelles en fe relevant, fe donneront la configne en préfence de leur Brigadier, qui s'avancera feul pour l'entendre donner; les vedettes & fentinelles qui ne feront pas encore pofées, s'arrêtant quatre pas derrière lui.

10.

LES Officiers de garde iront fucceffivement vifiter les vedettes & fentinelles, leur faire répéter la configne qu'elles auront reçue, & la leur expliquer.

I I.

AUCUNE vedette ni fentinelle ne fe laiffera jamais relever
que par les Brigadiers de fon détachement.

Les vedettes & fentinelles doivent regarder attentivement
de tous les côtés, pour bien découvrir ce qui fe paffe autour
d'elles, & avertir de la voix ou par figne quand elles décou-
vriront des Troupes, ou plufieurs perfonnes venant de leur
côté.

I 2.

PENDANT tout le temps qu'un Cavalier fera en vedette ou
en faction, il ne pourra jamais defcendre de cheval, quitter
fes armes ni s'affeoir, lire, chanter, ni même parler à perfonne
fans néceffité.

Les vedettes & fentinelles doublées, ne doivent jamais
parler enfemble que pour ce qui regarde leur fervice, elles
feront tournées de deux côtés oppofés, & lorfqu'il paroîtra
quelques Troupes, l'une viendra avertir la garde pendant que
l'autre reftera pour obferver : fi l'une des deux déferte, l'autre
tirera deffus, & avertira au pofte.

I 3.

TOUTE vedette ou fentinelle qui fera trouvée en contravention fur quelqu'un de ces objets, ou qui aura manqué à la
configne, fera à la defcente de la garde punie par le piquet,
ou par les courroies fuivant la nature de fa faute, & l'impor-
tance du cas.

I 4.

TOUTE vedette aura le moufqueton accroché à fa bandou-
lière, elle portera fon moufqueton haut lorfqu'il paffera devant
elle quelque Officier, ou des Troupes, ou lorfque la proximité de l'ennemi l'exigera, hors cela, elle pourra avoir fon
moufqueton croifé fur le cou de fon cheval.

Toute fentinelle portera le moufqueton dans tous les cas
où la vedette doit avoir le moufqueton haut, & pourra avoir
le refte du temps le moufqueton au bras.

1 5. LES

15.

LES sentinelles placées pour la garde de l'Artillerie ou des poudres, feront faction le sabre à la main.

TITRE XXIII.

Des Détachemens, du rang que les Troupes y garderont entr'elles ; & du rang que les Officiers tiendront entr'eux pour les commander.

ARTICLE PREMIER.

TOUT détachement fera formé à la tête du camp de son régiment, & de-là conduit au centre de l'aile, où le Capitaine du piquet de l'aile fera chargé d'affembler la totalité des détachemens.

2.

LE Capitaine du piquet de l'aile, prendra en arrivant, le nom & le grade de l'Officier qui commande le détachement pour le remettre au Major de l'aile.

3.

S'IL ne doit pas y avoir d'affemblée de détachement au centre de l'aile, il partira en droiture du camp de son régiment pour se rendre à sa deftination.

4.

LES détachemens de Cavalerie, de quelque régiment qu'ils foient, marcheront entr'eux fuivant le rang de leur brigade ; mais les Capitaines & Officiers commanderont fuivant l'ancienneté de leur commiffion ou brevet. Les Capitaines de Chevaux-légers ou de Chaffeurs, commanderont toujours de droit à ancienneté égale.

C C

5.

L'ANCIENNETÉ des commissions ou brevets à parité de grade, déterminera de même le commandement entre les Officiers supérieurs.

6.

EN conséquence, afin de prévenir à cet égard toutes contestations ou méprises, tous les Officiers supérieurs & subalternes qui marcheront en détachement, seront tenus de porter sur eux la commission ou le brevet de leurs grades, ou à son défaut une attestation signée des Officiers supérieurs de leur régiment qui en constate la date.

7.

SI lors de la réunion de plusieurs détachemens, il n'y a pas eu de Commandant spécialement nommé, le commandement sera dévolu au plus ancien Officier, d'après la confrontation de leurs titres, faite en présence du Major de la division; & s'il y a un Commandant, cette confrontation se fera pareillement en présence de ce dernier, afin qu'à son défaut celui qui doit le remplacer soit instruit qu'il doit prendre le commandement.

8.

A parité de grade & d'ancienneté dans ce grade, l'Officier qui auroit obtenu une commission d'un grade supérieur, quoiqu'il n'eût pas marché en cette qualité, prendra le commandement.

A parité absolue de grade & d'ancienneté de grade, l'ancienneté de service aura le commandement; & à parité de grade, d'ancienneté de grade & d'ancienneté de service, ce sera l'Officier du plus ancien régiment qui prendra le commandement.

9.

LES Colonels-commandans auront, en toute occasion, le rang & le commandement sur tous les Colonels en second;

les Capitaines-commandans, fur les Capitaines en fecond;
& les Lieutenans en premier, fur les Lieutenans en fecond.

Les Colonels-commandans & les Colonels en fecond,
auront de même le rang & le commandement fur les
Colonels par commiffion qui ne feront point attachés acti-
vement à des Troupes, & qui feront fimplement à la fuite.
Il en fera de même de tous les autres grades en activité qui
prendront toujours le rang & le commandement fur les
grades qui n'exifteront que par de fimples commiffions ou
brevets à la fuite.

10.

TOUT Commandant de détachement, affignera, à fon
choix, aux Officiers fupérieurs ou particuliers, les poftes
qu'ils devront y occuper, fans qu'ils puiffent former aucune
prétention relativement à leurs grades.

Il placera de même les Troupes comme il le jugera néceffaire, fans que fous prétexte de rang ou de prérogatives,
elles puiffent refufer de fe conformer à ce qui fera par lui
ordonné; il obfervera cependant, autant qu'il fera poffible,
de ne point féparer le détachement d'un même régiment &
d'une même brigade.

11.

L'OFFICIER de grade fupérieur, foit d'Infanterie, de
Cavalerie ou de Dragons, commandera par-tout à celui
d'un grade inférieur.

12.

A parité de grade, l'Officier d'Infanterie commandera dans
les lieux fermés, par préférence à celui de Cavalerie & de
Dragons; & lorfqu'ils fe trouveront enfemble en campagne
ou dans des lieux ouverts, l'Officier de Cavalerie ou de
Dragons prendra le commandement par préférence à celui
d'Infanterie.

13.

DANS les détachemens mêlés d'Infanterie, de Cavalerie

ou de Dragons à pied, les Officiers d'Infanterie commanderont, à grade égal, ceux de Cavalerie ou de Dragons qui auroient marché avec ces Cavaliers ou Dragons à pied : bien entendu que dans les détachemens où les Cavaliers & Dragons serviroient à cheval, leurs Officiers à grade égal commanderont en campagne ceux de l'Infanterie.

14.

TOUT Officier d'Infanterie, de Cavalerie ou de Dragons qui aura été nommé à l'ordre de l'armée, ou aura reçu un ordre particulier du Général ou Commandant du camp, pour commander un détachement composé d'Infanterie, de Cavalerie ou de Dragons, le commandera pendant tout le temps que le détachement sera hors du camp & dans quelque lieu qu'il se trouve.

15.

LORSQUE l'Officier commandant un détachement, composé d'Infanterie, de Cavalerie & de Dragons, sera tué, fait prisonnier, ou se trouvera hors d'état de le suivre, l'Officier du grade supérieur après lui, en prendra le commandement, ainsi qu'il a été dit ci-dessus, *article 8.*

16.

LORSQU'IL ne se trouvera point d'Officier de grade supérieur dans le détachement, mais plusieurs Officiers de ces différens corps, d'un grade égal, si au moment où le Commandant viendra à manquer, le détachement se trouve en plaine, le plus ancien Capitaine de Cavalerie ou de Dragons, en prendra le commandement; si au contraire il est alors dans un lieu fermé, le commandement appartiendra au plus ancien Capitaine d'Infanterie.

Les Lieutenans ou Sous-lieutenans de ces corps en useront de même entr'eux.

L'Officier auquel le commandement d'un détachement sera ainsi échu, le conservera jusqu'à ce qu'il soit rentré au camp.

17. QUAND

105

17.

QUAND un détachement sera dans le cas de se mettre à couvert dans un lieu où il trouvera d'autres troupes établies pour la garde, l'Officier qui le commandera sera aux ordres de celui qui commandera ledit poste, pendant le temps que ledit Commandant du détachement jugera à propos d'y demeurer, quand même le Commandant dudit poste seroit inférieur en grade au Commandant du détachement; mais le Commandant du poste, ne pourra y retenir le détachement sous quelque prétexte que ce soit.

18.

SI plusieurs détachemens se rencontrent ensemble dans un lieu fermé, où il n'y aura pas d'autres troupes établies, le commandement sera réglé entr'eux pour tout le temps qu'ils seront réunis, comme s'ils n'étoient qu'un seul & même détachement, sans néanmoins que le Commandant d'un détachement puisse empêcher l'autre de suivre ses ordres & sa destination.

19.

LES Mestres-de-camp, & autres Officiers de Cavalerie qui seront détachés pour escorter les convois d'Artillerie, se conformeront à ce qui leur sera demandé par l'Officier d'Artillerie chargé du convoi, de quelque grade qu'il soit, pour l'ordre de marche des voitures, la disposition du parc, & les postes & sentinelles à placer pour éviter les accidens.

Ils déféreront aussi à ce qui leur sera proposé par l'Officier d'Artillerie, pour l'heure du départ & les haltes, autant que cela pourra s'accorder avec les nouvelles qu'ils auroient des ennemis & avec la sûreté & la défense du convoi dont le Commandant de l'escorte sera pareillement chargé.

20.

LORSQU'AVEC un convoi d'Artillerie, il n'y aura point de détachement du Corps-royal, les troupes qui serviront d'escorte à un convoi d'Artillerie, fourniront un Soldat d'ordonnance au logis ou à la tente de l'Officier d'Artillerie, commandant ledit convoi ; & si cet Officier est Lieutenant-colonel d'Artillerie ou d'un grade supérieur, il aura de plus une sentinelle.

21.

TOUT Officier qui commandera un détachement sortant du camp pour aller aux ennemis, donnera un mot de ralliement à sa troupe ; & même s'il en est besoin, un rendez-vous pour la rassembler, en cas que par quelque circonstance elle se trouvât séparée.

22.

LE Commandant d'un détachement, pourra choisir l'Officier qu'il voudra pour commander les petites troupes qu'il enverra en avant, ou un détachement particulier.

23.

LES Officiers commandant les différentes troupes qui composeront un détachement, se tiendront exactement à leur tête, soit en halte, soit en marche, & ils ne souffriront pas qu'aucun Soldat quitte son rang & ses armes.

24.

PENDANT toute la durée du détachement, ils seront responsables de la discipline des troupes qu'ils commanderont, & ils les tiendront avec autant d'ordre qu'au camp.

S'ils sont en poste fixe, ils les feront exercer régulièrement.

Le Commandant en chef du détachement, sera chargé de la discipline & tenue de toutes les troupes qui le composeront, & en sera personnellement responsable.

25.

LES détachemens observeront en marche, le même ordre & les mêmes précautions qui seront détaillées ci-après, pour les régimens, au *Titre des marches*.

26.

LORSQU'UN détachement rentrant à l'armée, se trouvera à la vue du camp & au dedans des grandes gardes, l'Officier qui le commandera fera faire halte à son avant-garde, &

107.

mettre les Troupes en bataille à mesure qu'elles arriveront, faisant face au dehors du camp.

27.

LORSQUE son arrière-garde l'aura joint, il fera défiler devant lui chaque troupe, & la renverra à son camp.

28.

IL examinera avant de les faire défiler s'il ne manque personne, & s'il trouve quelqu'un chargé de maraude, il le fera conduire au Prévôt.

29.

APRÈS avoir fait l'arrière-garde de tout le détachement, il ira en rendre compte au Lieutenant commandant l'aile dont il aura été détaché, ou au Général de l'armée, s'il en a reçu une instruction particulière.

30.

SI le détachement est chargé d'escorter quelque convoi ou équipages, il ordonnera aux troupes de l'escorte qui auront la tête, de s'arrêter successivement dès qu'elles seront à portée du camp, de se mettre en bataille; & après que le convoi ou équipages seront tous entrés dans le camp, il y fera rentrer son escorte.

31.

LES détachemens de chaque régiment, ne se sépareront qu'à la tête de leur régiment; & il ne sera permis à aucun Soldat de quitter plus tôt sa troupe.

32.

LES Officiers qui auront commandé ces détachemens, en rendront compte, à leur retour, à leur Brigadier & à leur Colonel, & en leur absence, au Commandant de leur régiment.

33.

ILS informeront aussi le Major de brigade, de ce qui s'y sera passé de nouveau, pour qu'il puisse en rendre compte au Major général.

34.

Il fera commandé avec un détachement de Major, de Lieutenant-colonel ou de Colonel, un Frater de leur brigade ; & aux détachemens d'Officiers généraux, un détachement de l'hôpital ambulant proportionné à leur force.

35.

LORSQU'IL fera fait des prifes par les détachemens commandés par un Officier général ou un Brigadier, chaque Commandant de régiment, s'il y a des corps entiers ; ou les Commandans de chaque troupe, fi on y a marché par déta- chement, feront raffembler les chevaux, mulets, effets, voitures, &c. pris par les Soldats de leurs régimens ou troupes, les feront vendre & diftribuer le prix à chaque bas Officier & Soldat, ainfi qu'il eft expliqué au *Titre des Partis*.

36.

A l'égard des détachemens de Colonel, Lieutenant-colonel & Major, il fera obfervé tout ce qui eft prefcrit au même *Titre des Partis*.

Il y aura feulement cette différence, que, foit dans les détachemens d'Officier général & Brigadier, foit dans ceux de Colonel, Lieutenant-colonel & Major, les Commandans ni les Officiers n'auront aucune part à la vente des prifes, dont le produit fera partagé tout entier entre les bas Officiers & Soldats qui les auront faites.

TITRE XXIV.

Inftruction pour les Commandans des Détachemens & Efcortes de Convois.

TOUT Officier, de quelque grade qu'il foit, chargé du commandement d'un détachement, doit tâcher de bien comprendre l'inftruction qui lui fera donnée en partant, & fe la faire bien expliquer ; puifque c'eft en conféquence qu'il doit régler la conduite qu'il a à tenir, qui doit être différente,

différente, suivant les différens objets qu'il lui sera ordonné
de remplir.

Ils peuvent être de plusieurs espèces : 1.° faire un avant-
garde d'armée, ou d'un gros corps pour occuper un poste
avantageux & important ; 2.° faire une arrière-garde ; 3.° suivre
un ennemi battu ; 4.° pousser un corps que l'ennemi auroit
avancé pour couvrir ses mouvemens ou sa retraite ; 5.°
escorter un convoi ou des équipages ; 6.° aller aux nouvelles
& reconnoître la marche ou la position d'un ennemi.

L'Officier chargé de faire l'avant-garde d'une armée ou
d'un gros corps, doit pousser vivement les troupes qu'il peut
trouver devant lui, jusqu'à ce qu'il ait gagné la hauteur ou
le poste avantageux qu'il doit occuper ; quand il y est parvenu,
il doit s'y maintenir & s'y défendre avec la plus grande
opiniâtreté, puisqu'il est soutenu de l'armée ou d'un gros
corps, auquel il doit donner le temps d'arriver.

Dans une arrière-garde au contraire, il doit éviter de
combattre & de s'engager le plus qu'il lui sera possible, &
s'il y est forcé après avoir repoussé l'ennemi, il doit bien
se garder de le suivre, puisque l'objet de l'ennemi qui l'attaque
doit être de retarder sa marche pour donner le temps à
des forces plus considérables d'arriver sur lui, & que le sien
doit être de faire sa retraite sans perte.

Lorsqu'il aura à suivre un ennemi battu, il ne peut le faire
trop vivement, sans cependant abandonner à sa poursuite la
totalité du détachement ; mais, selon sa force, il en laissera
débander une ou plusieurs troupes pour l'atteindre & l'empêcher de se rallier, & suivra avec le gros au trot & en
bon ordre, pour être toujours en état de résister à des troupes
fraîches s'il en survenoit.

Au contraire, lorsqu'il lui sera ordonné de pousser un
corps que l'ennemi présenteroit devant lui, pour couvrir ses
manœuvres, sa marche ou sa retraite, il doit l'attaquer avec
la totalité du détachement & le plus vivement possible,
son objet étant alors de percer ce masque, pour voir ce que
l'ennemi a ou fait au-delà.

e e

L'escorte d'un convoi étant faite pour le défendre & le conduire sûrement à sa destination, l'objet unique de l'Officier qui la commande doit être de le couvrir, d'éviter de combattre autant qu'il lui est possible, de ne le faire que forcément, mais avec vigueur; & quelque avantage que dans ce cas il puisse avoir sur l'ennemi, de ne le point poursuivre, & de continuer sa marche aussi-tôt qu'il le peut avec sûreté.

Quand il sera chargé d'aller aux nouvelles, ou de reconnoître la marche ou la position d'un ennemi, il doit marcher avec la totalité du détachement, jusqu'à une certaine distance de l'ennemi; de-là il détachera des troupes à cheval qui se soutiendront en échelons; il se portera légèrement avec les plus avancées sur quelque hauteur ou autre point d'où il puisse bien découvrir, & après avoir observé attentivement ce qu'il a ordre de tâcher de connoître, il repliera de même légèrement les troupes qu'il aura avancées, & rejoindra le gros de son détachement; son objet étant alors rempli, & n'en devant plus avoir d'autre que d'aller informer le Général de ce qu'il aura vu & appris.

Pour s'acquitter de ces différentes commissions, tout Commandant de détachement observera ce qui suit:

De quelque force que soit son détachement, il le fera toujours marcher avec les plus grandes précautions, ayant des patrouilles en avant de lui, derrière & sur ses flancs, & ne s'engageant dans aucun village, chemins creux, bois ou plaines, sans les avoir fait soigneusement reconnoître.

Il observera de disposer les troupes qui composeront son détachement, dans le terrein & dans l'ordre qui leur est propre, de manière que dans la plaine la Cavalerie couvre l'Infanterie, & que dans les pays coupés l'Infanterie protége la Cavalerie.

Dans les pays mêlés de plaines & défilés ou bois, il entremêlera ces deux corps de manière qu'ils puissent au besoin se secourir mutuellement.

Lorsqu'il marchera la nuit, dans quelque nature de terrein

que ce foit, il mettra toujours la plus grande partie de fon Infanterie à l'avant-garde, la faifant précéder par un petit détachement de Cavalerie pour aller plus en avant, & l'avertir de l'arrivée de l'ennemi; il fera fuivre fon Infanterie par le gros de fa Cavalerie, à la queue de laquelle il mettra quelque Infanterie, qui fera elle-même fuivie d'un petit détachement de Cavalerie pour faire fon arrière-garde, & l'inftruire de ce qui pourroit venir fur fes derrières.

La raifon de cette difpofition, eft que fi la nuit, le gros de Cavalerie faifoit l'avant-garde, & qu'elle fût culbutée par l'ennemi, elle pafferoit néceffairement fur le corps à l'Infanterie qui feroit derrière elle, & y cauferoit le plus grand défordre, qui feroit très-difficile à réparer; d'ailleurs il eft peu poffible de faire ufage de la Cavalerie la nuit, au lieu que l'Infanterie peut toujours par fon feu pouffer ou arrêter l'ennemi; & en cas qu'elle fût obligée de plier, elle ne caufe point de défordre, irrémédiable dans la Cavalerie. Si le détachement marche en retraite, il prendra l'ordre contraire.

Tout Commandant de détachement, & fur-tout de ceux qui fe portent fur l'ennemi, & font expofés à être attaqués dans leur retraite, doivent, en marchant en avant, examiner avec le plus grand foin le pays qu'ils parcourent, faire attention aux bois, marais, ponts qu'ils traverfent, & bien reconnoître les endroits où ils devront placer l'Infanterie pour protéger leur retour, & faciliter le paffage des défilés à la Cavalerie; & comme l'afpect des pays eft différent, fuivant le point d'où on le voit, afin de fe pouvoir bien reconnoître dans leur retraite, ils s'arrêteront fouvent en fe portant en avant, & fe retourneront pour prendre des points de vue qui les guident quand ils feront obligés de revenir. Cette attention eft bien importante; pour l'avoir négligée, des détachemens ont été fouvent maltraités, ayant manqué de retrouver les ponts & paffages, & s'étant jetés dans des obftacles qui les ont arrêtés, & donné à l'ennemi le temps de les atteindre.

Dans les haltes, le Commandant mettra fon détachement en bataille, faifant face au terrein par où l'ennemi pourroit venir à lui, plaçant en avant & autour de fon détachement de petits corps-de-gardes, des vedettes & des fentinelles pour être averti, & ne faifant repaitre fes troupes que fucceffivement, les unes reftant à cheval & en ordre, pendant que les autres feront débridées.

Il redoublera de vigilance & de précautions, lorfqu'il fera obligé de s'arrêter pour paffer la nuit.

S'il fe trouve dans le cas d'être attaqué par un corps fupérieur ou égal au fien, il difpofera fon détachement de la manière & dans le terrein le plus favorable aux différentes efpèces de troupes qui le compoferont.

Tout Commandant de détachement alliera la prudence avec le courage, en forte qu'il ne s'engage point fans néceffité ; mais auffi qu'il n'évite point de combattre quand l'objet qu'il doit remplir le demande, & qu'alors il le faffe avec la plus grande vigueur, en donnant lui-même l'exemple : ce qui eft la manière la plus efficace d'engager les troupes à faire leur devoir.

L'efcorte des convois ou équipages demande des précautions particulières ; l'Officier qui en fera chargé, ne négligera rien pour être averti de la marche de l'ennemi, pouffant pour cela des patrouilles fur tous les chemins par lefquels il pourroit venir à lui, & fur toutes les hauteurs d'où on pourra le découvrir. Il ne divifera jamais fon efcorte en petites parties ; mais, fuivant fa force, il la féparera en plufieurs divifions : il en placera une à la tête, une à la queue, & les autres intermédiairement, de manière qu'elles puiffent fe prêter fecours, & fe réunir au befoin.

Il chargera particulièrement des Officiers & bas Officiers choifis, de veiller à ce que les chariots marchent toujours ferrés, & ne faffent point une trop longue file.

Si le convoi doit paffer un défilé ou chemin creux, le Commandant enverra des détachemens d'Infanterie pour en occuper la tête & les hauteurs qui le bordent, & il mettra fon efcorte en bataille pour couvrir fon convoi ; obfervant que

que si c'est par ses derrières qu'il a le plus à craindre, la plus grande partie de l'escorte demeurera en-deçà du défilé pour en couvrir le passage ; si c'est par le côté vers lequel il marche que l'ennemi peut plus facilement l'attaquer, l'escorte se portera en avant du défilé pour en protéger la sortie, & quand la totalité du convoi aura passé, on se remettra en marche, & les troupes de l'escorte reprendront les postes qui leur avoient été précédemment assignés.

Si, par la supériorité de l'ennemi, le convoi ne pouvoit continuer sa marche sans danger, l'Officier qui le commandera, fera arrêter & parquer les voitures dans l'endroit le plus avantageux, & il y demeurera jusqu'à ce que, par une défense vigoureuse, il ait pu forcer l'ennemi à se retirer, ou qu'il ait été secouru.

Si, pendant que l'escorte est pressée par l'ennemi, ou dans un défilé, quelque chariot du convoi venoit à se briser, la charge en sera diligemment répartie sur les autres ; le chariot cassé jeté hors du chemin, & les chevaux attelés aux voitures qui en auroient besoin.

Lorsque le convoi s'arrêtera pour passer la nuit, le Commandant en fera parquer les chariots dans un terrein libre & découvert, & occupera avec les troupes tous les points & débouchés qui pourront le couvrir ; lorsque son parc sera également en sûreté en-delà comme en-deçà du village ou ruisseau auprès duquel il s'arrêtera, il fera parquer son convoi au-delà, étant toujours avantageux de passer le défilé lorsqu'on arrive, & pendant que les voitures sont en file ; mais cet arrangement de commodité doit toujours être subordonné à la sûreté du convoi.

Tout ce qui est prescrit ci-dessus, concerne tout Commandant de détachement, de quelque nombre de troupes qu'il soit formé ; mais dans les détachemens ou escortes particulières de cent cinquante, cent ou cinquante hommes d'Infanterie, l'Officier qui en sera chargé, redoublera d'attention & de prévoyance, le petit nombre de troupes qu'il a avec lui les lui rendant plus nécessaires.

ff

Il ne séparera point alors son détachement ; il mettra seulement une escouade à la tête, une à la queue, & quelques Soldats sur les flancs pour faire filer les voitures, y maintenir l'ordre, & l'avertir si l'ennemi paroissoit ; & il se placera avec la totalité de son détachement dans l'endroit le plus exposé, d'où il se portera avec lui par-tout où le besoin l'exigera. Si le détachement étoit de cinquante ou soixante hommes seulement, au lieu d'escouades, il ne mettroit que deux Fusiliers à la tête & à la queue du convoi.

En cas d'attaque, il aura attention de bien ménager son feu, de ne jamais faire tirer la totalité de sa troupe à la fois ; mais l'ayant divisée en deux sections, de ne faire tirer la seconde qu'après que la première aura rechargé. Toute troupe qui marchera seule, quand elle ne seroit que d'une escouade, sera toujours divisée en deux parties, & observera pour son feu ce qui vient d'être dit ci-dessus.

Si par quelque circonstance, un détachement d'Infanterie se trouvoit coupé dans la plaine, ou investi dans un village ou poste, dans lequel il se seroit retiré, il s'y défendroit jusqu'à ce qu'il fût dans la situation où il est permis honorablement de capituler. Ces différens cas ont été expliqués au *Titre XXI*, ainsi que les conditions de capitulation qu'on est autorisé à accepter. Les Officiers de Cavalerie qui se trouveront commander des détachemens d'Infanterie, seront tenus d'en prendre connoissance, & de s'y conformer.

Si le détachement étoit de cent cinquante, cent, ou cinquante Maîtres, il se tiendroit ensemble, comme il a été dit pour l'Infanterie. Tout Commandant d'un détachement de Cavalerie observera de plus, que toutes les fois qu'il n'aura point d'Infanterie avec lui, il ne doit jamais s'enfermer dans des villages, châteaux ou autres lieux fermés, & que dans tous les cas où il se trouveroit coupé ou séparé du camp, ou d'un plus gros corps dont il seroit partie, il n'a que deux partis à prendre, l'un de tâcher de regagner par un grand circuit l'armée, une réserve ou une place ; l'autre, de se faire jour par une charge vigoureuse, & en passant sur le corps

aux troupes qui l'auroient entouré, toute capitulation étant
interdite en ce cas à la Cavalerie.

TITRE XXV.
Des Marches.

ARTICLE PREMIER.

IL y aura toujours un ou plusieurs régimens Provinciaux
destinés à l'ouverture des marches, & aux opérations de
l'État-major de l'armée.

2.

CES régimens camperont en avant du quartier général;
& comme les travaux dont ils seront chargés, leur occasion-
neront beaucoup de fatigues, on les cantonnera à portée
toutes les fois que cela sera possible.

3.

LORSQUE les circonstances l'exigeront, on rassemblera
dans le pays, des Pionniers qui y seront joints & seront
employés, sous les ordres des Officiers & bas Officiers
desdits régimens, aux travaux ordonnés.

4.

CES Pionniers recevront chacun une ration de pain par
jour, & les mêmes ne seront jamais gardés plus de quatre jours.

5.

IL sera nommé au commencement de chaque campagne,
par le Maréchal général des logis de l'armée, un Aide-
maréchal général des logis intelligent & actif, pour être
chargé en chef de l'ouverture des marches.

6.

CET Officier aura sous lui six Aides-maréchaux généraux
des logis, ou Officiers attachés à l'État-major, qui seront
chacun particulièrement chargés de l'ouverture d'une colonne.

7.

ON affectera un nombre de compagnies Provinciales à chacun de ces six Officiers, pour travailler, sous leurs ordres, à l'ouverture des marches de la colonne dont ils seront chargés.

8.

ON attachera à chacune de ces divisions de compagnies provinciales, un certain nombre de chariots détachés du parc d'artillerie, chargés d'outils, de poutrelles, de madriers, & on y joindra un des ponts légers dont on s'est servi avec succès les dernières campagnes.

9.

LES chemins des colonnes seront toujours ouverts, autant qu'il se pourra, sur cinq toises; l'on donnera la même largeur aux ponts qui devront se jeter sur les ruisseaux & ravins, afin que les colonnes marchent toujours, s'il est possible, sur le même front.

Il sera pratiqué de plus, sur la droite & sur la gauche des chemins, des colonnes, des passages, afin que, sous aucun prétexte, les Valets ne puissent gêner les troupes dans la marche.

10.

AUSSITÔT que l'armée sera arrivée dans un camp, le Maréchal général des logis, après avoir pris les ordres du Général, donnera les siens à l'Aide-maréchal général des logis, chargé en chef des marches, pour en ouvrir une du côté où le Général se propose de marcher, & il y fera travailler sur le champ avec la plus grande diligence.

Lorsque l'armée séjournera quelques jours dans un camp, il sera ouvert des marches en avant, en arrière & sur les deux flancs de l'armée, jusqu'à plusieurs lieues s'il est possible de son camp, en sorte que suivant les circonstances, elle puisse se porter facilement où le besoin pourroit le demander.

11.

L'ARMÉE marchera ordinairement sur six colonnes; chaque aile de Cavalerie & chaque division d'Infanterie, formera

la

la sienne, la plus ancienne brigade en ayant la tête, suivie
des autres de première ligne, & ensuite de celles de seconde,
dans le même ordre que celles de première.

Les corps campés en réserve marcheront par la colonne,
& dans le rang qui leur sera prescrit par le Général.

12.

LORSQUE l'armée marchera sur quatre colonnes, la première ligne de Cavalerie de l'aile droite, marchera avec la
première division d'Infanterie, & la seconde avec la seconde.

La première ligne de l'aile gauche de Cavalerie, marchera
avec la quatrième division, & la seconde avec la troisième.
Les deux brigades d'Infanterie, couvrant les ailes, marcheront
par la même colonne que la première ligne de la Cavalerie
de leur aile, & feront l'arrière-garde des troupes de cette
colonne.

13.

LA nature du pays règlera alors si la division d'Infanterie
devra avoir la tête ou la queue des colonnes; on en avertira
dans l'ordre de marche.

14.

LORSQUE l'on marchera sur six colonnes, les deux brigades
d'Infanterie, destinées à couvrir les flancs de la Cavalerie,
marcheront de même à la tête ou à la queue de la Cavalerie
de leur aile, suivant la nature du pays.

15.

LES divisions d'Artillerie attachées aux quatre divisions
d'Infanterie, marcheront toujours à la suite de l'Infanterie
de la division dont elles seront.

Si, par la nature du pays, cela devenoit impossible,
elles en seroient averties par le Major général, & il leur
seroit en même temps indiqué la colonne par laquelle elles
devroient marcher.

16.

LE gros parc d'Artillerie marchera toujours par la colonne

qui fera la meilleure, & après les menus & gros équipages
de cette colonne.

L'itinéraire particulier fera envoyé au Commandant de l'Artillerie.

17.

LES équipages du quartier général, marcheront par la colonne qui fera indiquée dans l'ordre qui fera donné au Vaguemeftre général.

18.

CHAQUE régiment de Cavalerie donnera un Brigadier & une efcouade d'efcorte à fes équipages.

Lorfque les équipages ne marcheront point avec les troupes, il fera commandé en outre des efcortes proportionnées aux circonftances.

19.

LORSQUE toute l'armée devra marcher ou prendre les armes, & monter à cheval, on fonnera *le boutte-felle* lorfque l'Infanterie battra *la générale*.

S'il ne devoit marcher ou monter à cheval que la Cavalerie, on fonnera des *appels* au lieu de *boutte-felle*.

20.

IL ne fera jamais laiffé plus d'une demi-heure d'intervalle du *boutte-felle* au *boutte-charge*, & plus d'une heure du *boutte-charge* à fonner *à cheval*.

21.

LES Officiers généraux & particuliers donneront ordre, une fois pour toutes, que leurs équipages & effets foient raffemblés tous les foirs & prêts à charger, afin que fi l'armée ou les équipages reçoivent pendant la nuit ordre de partir, rien ne puiffe retarder leur marche.

22.

ON n'avertira jamais à l'ordre que l'armée devra marcher le lendemain, *la générale* & *le boutte-felle* feront toujours le fignal du départ.

1778

23.

LES jours de marche, le Tambour de la garde de la place du quartier général, & le Trompette de la garde de Cavalerie, commenceront à battre *la générale* & à sonner *le boute-selle,* au moment que cela leur aura été ordonné par le Major général; ils sortiront du quartier général en battant & sonnant, & iront jusqu'au plus prochain régiment de la ligne, qui donnera aussitôt le signal pour avertir les Tambours & les Trompettes de se préparer à battre & sonner, & incontinent après, ils battront *la générale* & sonneront *le boute-selle.*

Tous les Tambours des gardes de police, & de celles des Officiers généraux, battront aussi en même-temps *la générale.*

24.

UNE demi-heure après *le boutte-selle,* on sonnera *le boutte-charge,* & une heure après *le boutte-charge,* on sonnera *à cheval;* le signal pour ces différentes sonneries sera donné pour la ligne, par les Tambours du premier régiment d'Infanterie de la droite; & pour le quartier général, par celui de la garde de la place.

25.

AUSSITÔT qu'on battra *la générale* & qu'on sonnera *le boutte-selle,* il partira du quartier général deux Aides-maréchaux généraux des logis de la Cavalerie, pour se rendre promptement au camp, & y porter chacun à un des Majors des deux ailes, les ordres, s'il y en a de particuliers à leur donner; ce qui devra arriver très-rarement, les ordres généraux, qui vont être détaillés dans les articles suivans, devant ordinairement suffire pour procurer la célérité & l'ordre dans les marches.

26.

TOUTES les fois qu'on sonnera *le boutte-selle,* les Officiers & Cavaliers se lèveront, s'habilleront & s'armeront promptement; on sellera & bâtera les chevaux, & on harnachera ceux des voitures.

Au *boutte-charge,* on attellera diligemment.

Lorsqu'on sonnera *à cheval*, les troupes se mettront en bataille à la tête de leur camp, & formeront les colonnes, ainsi qu'il sera détaillé ci-après.

Les menus équipages se placeront de manière à pouvoir suivre les troupes de leur aile; ceux des Officiers généraux de l'aile ayant la tête des menus équipages des troupes, qui garderont entr'eux le rang que leurs brigades tiennent dans leur aile. Les gros équipages suivront ensuite dans le même ordre; & les vieilles gardes se rendront au centre de la queue du camp de la seconde ligne de leur aile, pour faire l'arrière-garde des équipages.

27.

LORSQUE l'armée marchera sur six colonnes, il n'y aura donc aucun ordre à donner; & quand elle marchera seulement sur quatre, il suffira que le Maréchal général des logis de la Cavalerie en prévienne par écrit les Majors des ailes, ou donne en conséquence des ordres aux Aides-maréchaux généraux des logis de la Cavalerie, qu'ils chargeront de la formation des colonnes de marche.

28.

LES marches de l'armée devant être ordinairement couvertes par des corps avancés, le bataillon de Grenadiers & Chasseurs de la brigade de flanc, & les Chevaux-légers & Chasseurs de chaque aile, suffiront pour faire l'avant-garde de la colonne par laquelle elle marchera; ils seront suivis des nouvelles gardes & des campemens.

29.

SI le Général jugeoit à propos de rassembler les Chevaux-légers & Chasseurs d'une ou des deux ailes, pour renforcer l'avant-garde d'une colonne, cela sera marqué dans les ordres envoyés par le Maréchal général des logis de la Cavalerie, aux Majors des ailes.

30.

MAIS dans tous les cas, les nouvelles gardes & les campemens, marcheront à la tête de la colonne de leur aile,

& ne

& ne feront point raffemblés dans un même point, pour
leur éviter la fatigue de s'y rendre, & celle, en arrivant au
nouveau camp, de venir regagner le terrein que leurs
régimens devront occuper, ou les poftes où elles devront
être placées, qui feront toujours ceux les plus à portée de
leur camp.

31.

LORSQU'IL y aura des ordres particuliers pour la marche
à envoyer par le Maréchal général des logis de la Cavalerie,
aux Majors des ailes, ils feront toujours écrits en cette forme.

Première Colonne.

Elle fera compofée de la brigade de . . . .

De celle de . . . .

De celle de . . . . &c. dans l'ordre où elles devront marcher.

L'Artillerie marchera après la brigade de . . . .

Les équipages s'affembleront à tel rendez-vous.

Les Chevaux-légers & Chaffeurs de cette aile, fe rendront à
telle heure à la tête de la brigade de . . . .

Les anciennes gardes fe raffembleront à tel rendez-vous, pour faire
l'arrière-garde des équipages.

Et ainfi des autres chofes qu'il pourroit avoir à ordonner,
énoncées en peu de paroles, fans entrer dans aucun autre
détail, & fans inftruire une colonne des ordres qui concer-
neroient les autres; à moins que cela ne devînt néceffaire
pour l'arrangement général de la marche.

32.

S'IL ne devoit marcher qu'une ou deux brigades, les
Aides-maréchaux généraux des logis de la Cavalerie fe
rendroient en droiture au camp de ces brigades pour leur
en donner l'ordre; & ils en inftruiroient enfuite les Majors
des ailes dont elles feroient partie.

33.

TOUTES les fois qu'on battra *la générale & le boutte-felle*,

h h

les Officiers généraux se rendront promptement à la tête de leurs ailes; les Chevaux-légers & Chasseurs, s'assembleront sur le champ cent pas en avant du centre du camp des brigades de première ligne de chaque aile; les nouvelles gardes se formeront derrière eux, les campemens en troisième ligne, ensuite les éclopés, & ils attendront ainsi les ordres qui leur seront donnés.

34.

Si *le boutte-selle* se sonnoit pour une réjouissance, & que l'armée ne dût pas marcher, les Troupes en seroient prévenues, afin que les Chevaux-légers & Chasseurs, ainsi que les campemens ne s'assemblassent pas.

35.

Dès que l'ordre aura été donné pour marcher, les Majors de brigade avertiront les Officiers détachés de ce qui sera ordonné pour eux.

36.

Lorsqu'on sonnera *le boutte-selle* ou des *appels;* les Officiers de piquet des brigades qui devront marcher, monteront à cheval; ils se partageront à la tête, à la queue & sur les flancs de leurs régimens, & ils feront poser des sentinelles d'augmentation où ils le jugeront nécessaire, afin d'empêcher les Cavaliers de sortir du camp.

37.

Lorsque le Général aura ordonné un rendez-vous pour assembler les bataillons de Grenadiers & Chasseurs, & les escadrons de Chevaux-légers & Chasseurs, pour faire l'avant-garde, le Maréchal-de-camp de jour, les Officiers supérieurs de piquet, & les Chefs des différens Etats-majors, ou en leur absence un de leurs Aides, se rendront à ce rendez-vous à l'assemblée, pour marcher avec cette avant-garde; le Major de piquet y rangera les escadrons de Chevaux-légers & de Chasseurs, dans le même ordre que leurs brigades seront campées dans l'armée.

Mais quand le Général n'aura point donné cet ordre,

tous ces Officiers se rendront à la tête des Grenadiers & Chasseurs de la seconde division d'Infanterie; il s'y trouvera un Officier de l'État-major de l'armée, & ils se mettront en marche aussitôt après que *l'assemblée* aura été battue.

Les bataillons de Grenadiers & Chasseurs, les Chevaux-légers & Chasseurs de chaque aile, les nouvelles gardes & les campemens des autres colonnes, s'ébranleront aussi en même-temps; ils seront aux ordres de l'Officier supérieur le plus avancé en grade de ceux qui commanderont les bataillons de Grenadiers & de Chasseurs, ou les Chevaux-légers & Chasseurs de leur colonne.

Lorsqu'ils seront arrivés dans le terrein du nouveau camp, ils feront halte, & y attendront les ordres du Maréchal-de-camp de jour.

38.

QUAND il sera ordonné que les vieilles gardes de plusieurs divisions ou ailes s'assemblent à un rendez-vous indiqué, un ou plusieurs Officiers supérieurs sortant de piquet, suivant leur nombre, s'y trouveront pour les commander; les Majors sortant de piquet, les assembleront & les disposeront par rang de division, d'ailes & de brigades, & marcheront avec elles.

39.

Au *boutte-charge*, on fera détendre, plier les tentes, & charger les équipages & chevaux de compagnies, ce qui étant fait, les Cavaliers brideront les leurs.

40.

ON observera, pour détendre les tentes des Cavaliers, que deux hommes par tente se placent aux deux mâts, aussitôt que les Trompettes commenceront à sonner *le boutte-charge*, & que toutes les tentes tombent à la fois, lorsqu'ils cesseront de sonner.

41.

LES Officiers & bas Officiers tiendront la main à ce que chaque Cavalier rassemble ses effets, outils, armemens &

autres uftenfiles, & ils empêcheront qu'il n'y ait de difpute
entr'eux pour les porter.

42.

ILS leur feront éteindre exactement les feux, & empêcheront qu'ils ne brûlent la paille & les barraques du vieux
camp.

Les Commandans des corps en feront refponfables.

43.

UN quart-d'heure avant que l'on fonne *à cheval*, les bas
Officiers & Cavaliers tourneront leurs chevaux de la tête à
la queue, les deux demi-compagnies, ou quart de compagnies
de la même rue, fe faifant face, & ils demeureront en cet
état jufqu'à ce que le Commandant de la compagnie en ait
fait l'appel, & au moment où on fonnera *à cheval*, il y fera
monter les Cavaliers, & formera la compagnie, ainfi qu'il
eft prefcrit par l'*Ordonnance des Manœuvres.*

44.

LORSQUE les Commandans des compagnies marcheront
pour fe mettre en bataille à la tête du camp, ils obferveront
de déboucher des rues tous en même temps, & dès que
l'efcadron fera formé, il s'alignera fur celui de la droite de
fa brigade, qui devra lui-même s'aligner fur le premier efcadron
de l'aile, pour l'aile droite, & fur le dernier bataillon de la
gauche de l'Infanterie pour l'aile gauche.

45.

AUSSITÔT qu'on battra *la générale* & qu'on fonnera *le
boutte-felle*, les Aides-maréchaux généraux des logis de l'armée
partiront du quartier général pour fe rendre à la tête des
colonnes qu'ils devront conduire, & remettre leurs itinéraires
aux Officiers généraux qui les commanderont.

46.

DÈS que les troupes feront en bataille, l'Aide-maréchal
général des logis de la Cavalerie, chargé de la formation
de la colonne de marche de chaque aile, y fera entrer les
brigades qui devront la compofer, & la difpofera à fe mettre

en

en marche par les mouvemens prescrits dans l'Ordonnance
des Manœuvres des Troupes à cheval.

47.

LES brigades de seconde ligne viendront en même temps
joindre celles de la première, & aussitôt que toute la Cavalerie
qui devra composer la colonne, sera serrée, ainsi qu'il vient
d'être dit, l'Officier général qui la commandera, en mettra
la tête en mouvement.

48.

SI l'Officier général commandant la colonne, n'y étoit
pas rendu à l'heure qu'elle devra partir, celui qui la commandera dans ce moment, la mettra en marche, afin de ne
point faire attendre les troupes; étant bien sûr que l'Officier
général qui ne se trouvera pas à sa division à l'heure prescrite,
est employé ailleurs plus utilement pour le service du Roi,
ou est malade; & dans ces cas, il en sera rendu compte en
arrivant au camp, au Général de l'armée, par l'Officier général
qui aura conduit la colonne à sa place.

49.

LORSQU'IL n'aura point été commandé de Travailleurs
pour marcher à la tête des colonnes, la brigade qui marchera
la première, en fournira le nombre nécessaire pour les besoins
imprévus.

50.

LES Troupes devront garder pendant toute la marche,
le même ordre dans lequel elles se seront formées en partant
du camp, en sorte qu'elles puissent se mettre en bataille en
un instant, lorsqu'on l'ordonnera.

Pour leur en faciliter le moyen, il sera défendu aux
Officiers de tout grade, de marcher à cheval entre les
troupes; ils observeront de se tenir sur le flanc de la colonne,
à hauteur de l'escadron, ou de la compagnie où leurs
maîtres seront attachés.

51.

LES Brigadiers & Commandans des corps détermineront

——— fur quel flanc de la colonne les Valets devront marcher; obſervant que ce ſoit toujours ſur le flanc ſur lequel on a le moins à craindre que l'ennemi n'arrive.

§ 2.

Il y aura toujours un Officier qui précédera de cent pas chaque régiment, pour reconnoître les paſſages ſur la droite ou la gauche des ponts & communications, & les indiquer aux Valets.

§ 3.

S'IL ſe trouvoit des défilés où ils fuſſent indiſpenſablement obligés de paſſer avec leur troupe, ceux de chaque eſcadron les paſſeroient à la queue, obſervant de ſe former ſur le même front que l'eſcadron marchera, & par rang d'Officiers & de compagnie; & auſſitôt après le paſſage du défilé, ils re- prendront leur place ſur le flanc de la colonne.

Si l'on marchoit en colonne renverſée, ils paſſeroient devant leurs eſcadrons.

Une fois pour toute, il ſera ordonné aux Valets, ſoit en marche de régiment, ſoit en détachement, que lorſqu'il n'y aura point de chemins préparés pour marcher ſur les flancs de la colonne, ils aient à ſe former à la queue de chaque eſcadron ou troupe, ſur le même front qu'on marchera, & que lorſque l'on marchera en bataille, ils ſe forment ſur un rang derrière leurs eſcadrons. On chargera un Maréchal- des-logis intelligent, de veiller à l'exécution de cet ordre.

§ 4.

LES chevaux des tentes des compagnies marcheront auſſi ſur un des flancs de leurs eſcadrons; & lorſqu'il ſe trouvera un défilé ſans paſſage ſur la droite ou ſur la gauche, ils le paſſe- ront à la queue de leurs eſcadrons, comme il eſt dit ci-deſſus.

Les chevaux des tentes ne quitteront jamais leurs eſcadrons, & ne ſeront jamais regardés comme équipages.

§ 5.

LES Officiers ſubalternes pourront ſe faire ſuivre dans les

marches, par un Valet avec un cheval de main, mais qui ne pourra porter aucun équipage.

56.

IL ne sera souffert dans les colonnes de Troupes, aucun cheval de bât, ni aucune espèce de voitures, sous tel prétexte que ce puisse être.

57.

LES bas Officiers des compagnies auront soin que les Cavaliers ne confondent point leurs rangs, & ne changent rien aux distances ordonnées.

58.

SI la difficulté des chemins occasionne quelque défectuosité à cet égard, ils la feront rétablir aussitôt l'ordre prescrit.

59.

AUCUN Officier ne pourra quitter sa division sans la permission du Commandant de son régiment.

60.

SI un Cavalier est forcé de quitter son rang pendant la marche, il en demandera la permission au Commandant de sa division, & on laissera avec lui un bas Officier pour le ramener.

61.

LES Officiers subalternes seront responsables aux Capitaines, des Cavaliers de leur division qui s'écarteront, & les Capitaines répondront de ceux de leur compagnie.

62.

ON ne laissera jamais arrêter les Cavaliers aux puits, ruisseaux ou abreuvoirs pendant la marche.

63.

En passant dans les villages, on y laissera d'escadron en escadron des Officiers & bas Officiers pour faire serrer, & empêcher qu'aucun Cavalier ne s'y arrête.

64.

SI un Cavalier est rencontré hors de la marche de l'armée

——— fans que fon Capitaine ait averti le Commandant du régiment, & celui-ci le Brigadier, celui de ces Officiers qui y aura manqué, fera refponfable en fon propre & privé nom du défordre que ce Cavalier aura fait.

65.

Il marchera fur les flancs de chaque colonne un détachement de la Prévôté, avec un des Caporaux qui y font attachés, & les Commandans des régimens lui donneront main-forte s'ils en font requis.

66.

Les Brigadiers & Majors de brigade s'arrêteront fouvent, pour voir fi leurs brigades marchent dans l'ordre prefcrit, & fi les Officiers font à leurs places.

67.

Ils feront réparer les ponts & communications qui auront pu fe gâter par le paffage des troupes qui les précedent.

68.

Ils apporteront la plus grande attention à empêcher que la colonne ne défile, & à la faire avancer toujours fur le même front fur lequel elle fe fera mife en marche.

69.

Si cependant cela devenoit impoffible, ils feront paffer le défilé aux Cavaliers au trot, & les feront reformer auffitôt qu'ils en feront fortis.

70.

Ils obferveront pareillement de fuivre toujours le mouvement qui fera fait à la tête, en forte que quand les Brigadiers qui les précèdent, feront doubler ou dédoubler leurs pelotons, divifions, compagnies & efcadrons de leur brigade, ils faffent auffi doubler & dédoubler les leurs, au même point où les autres auront commencé ce mouvement.

71.

Enfin ils veilleront non-feulement à ce que les Officiers de leur brigade, n'aient à leur fuite que le nombre de
Valets

Valets prescrit; mais ils feront encore arrêtér tous Valets
étrangers, chevaux d'équipages, Vivandiers, gens sans aveu,
Soldats, Cavaliers & Dragons d'autres régimens, qui marcheront avec leurs brigades, & les feront remettre au détachement de la Prévôté de leur colonne.

72.

LES Officiers généraux commandant les colonnes, donneront la plus grande attention à ce qu'elles conservent
pendant la marche, les distances nécessaires pour se mettre
en bataille au premier ordre.

73.

ON se conformera au surplus, pour les mouvemens qui
devront préparer les colonnes à se mettre en bataille, pour
les manœuvres par lesquelles elles s'y mettront, & pour
toutes les circonstances relatives aux marches, comme haltes,
passages de défilés, &c. à tout ce qui est prescrit à cet égard
dans l'Ordonnance *des Manœuvres de la Cavalerie.*

74.

LES brigades d'Infanterie destinées à couvrir les flancs,
se formeront en colonnes entre les deux lignes d'Infanterie,
à hauteur du premier bataillon qui les formera, & appuiera
à la Cavalerie.

75.

TOUTES les fois qu'on sera halte, les Troupes se formeront
par compagnie; & pour peu qu'elle dût être longue, &
qu'on fût près de l'ennemi, on se formera par escadrons,
ne laissant de l'un à l'autre qu'une demi-distance.

76.

LES régimens seront environnés de vedettes, pour qu'aucun Cavalier ne puisse s'écarter.

77.

LES vedettes établies, on fera mettre pied à terre aux
Cavaliers, qui se tiendront auprès de leurs chevaux sans
passer au-delà des vedettes.

k k

78.

TOUT Cavalier qui aura besoin de sortir au-delà des vedettes, pour quelque cause que ce puisse être, sera conduit par un bas Officier.

79.

DÈS qu'on sonnera des *appels* à la tête, les Cavaliers monteront promptement à cheval, & lorsque l'on sonnera *la marche,* tous les escadrons s'ébranleront à la fois.

80.

SOIT en partant, soit en arrivant aux haltes, tant que les Trompettes sonneront, les Cavaliers observeront le plus grand silence, & ce ne sera qu'après qu'ils auront entièrement cessé de sonner, qu'il leur sera permis de parler, ne devant alors être assujettis à d'autres précautions qu'à celles de ne point confondre leurs rangs, & d'observer leurs distances.

81.

DANS les marches de nuit, il sera observé le plus grand silence pendant tout le temps qu'elles dureront.

82.

IL sera défendu d'entrer dans les grains pendant la marche, à moins que ce ne fût le chemin de la colonne.

83.

IL ne sera jamais crié ni *halte,* ni *marche* dans les colonnes, & l'on ne fera passer aucunes paroles.

84.

SI les troupes de la queue de la colonne, ne peuvent suivre la tête, ou qu'il leur arrive quelques accidens qui les obligent à s'arrêter, le Trompette qui marchera à la tête de l'escadron demeuré en arrière, sonnera un *appel;* alors les autres Trompettes en soneront aussi d'escadron en escadron, jusqu'à la tête, qui fera halte, en attendant qu'on sonne *la marche* à la queue; & cependant l'Officier commandant l'escadron qui sera arrêté, enverra diligemment un Officier

avertir l'Officier général commandant la colonne, de ce qui
sera arrivé.

85.

DANS les marches ou haltes, il ne sera rendu d'honneur
à personne; seulement lorsque les Princes du Sang & Légitimés de France, les Maréchaux de France & le Commandant
de l'armée, passeront le long d'une colonne qui sera en
marche, les Cavaliers, sans s'arrêter, aligneront leurs rangs.
Si la colonne est en halte, les Cavaliers se placeront à côté
de leurs chevaux, & les Officiers à leurs compagnies.

Lorsqu'une troupe en marche rencontrera le S.t Sacrement,
elle s'arrêtera, se mettra en bataille, mettra le sabre à la
main, le chapeau sur le pistolet, les Trompettes sonneront
& les Officiers salueront de l'épée.

Toutes les fois qu'une troupe sera à cheval ou sous les
armes, les Officiers ne salueront personne du chapeau, de
quelque grade qu'il puisse être; il en sera usé de même dans
les marches & haltes.

86.

UN Maréchal-des-logis & un Brigadier par régiment, avec
un détachement d'une escouade sur la totalité de l'aile, aux
ordres d'un Lieutenant ou Sous-lieutenant, feront l'arrière-
garde de la colonne; ils visiteront les haies, les chemins
creux & villages, pour voir s'il ne s'y feroit pas caché des
Cavaliers qui auroient échappé à la vigilance de leurs Officiers,
ils les arrêteront, & les remettront à leur régiment en arrivant
au nouveau camp.

87

A l'égard des Soldats, Cavaliers, Dragons, Vivandiers,
ou Valets, qu'ils arrêteront maraudant, ils les enverront au
Prévôt.

88.

S'IL étoit commandé pendant la marche, quelques gardes
ou détachemens, les piquets y marcheroient, & en ce cas

leur tour de détachement feroit cenfé fait, s'ils ne rentroient

pas au camp avec leur colonne.

89.

LES efcadrons, en arrivant au nouveau camp, s'y mettront en bataille fur le terrein qui leur fera deftiné, ainfi qu'il eft prefcrit au *Titre IX.*

90.

LORSQU'UNE colonne fera dans le cas d'en croifer d'autres en marche, celle qui aura reçu l'ordre du Général pour les traverfer, en fera part aux Officiers généraux qui les commanderont, lefquels feront alors arrêter les leurs, pour que ce mouvement fe faffe avec le plus d'ordre & de célérité poffibles.

91.

MAIS quand cela arrivera par quelque hafard ou défectuofité dans la marche, les colonnes ne fe couperont jamais, & celle qui fe trouvera croifée fera halte, jufqu'à ce que toutes les troupes qui compofent l'autre, aient achevé de défiler.

Les troupes de la colonne qui aura fait halte, pafferont avant les menus équipages de la première, enfuite les menus de la feconde, & fucceffivement les gros dans le même ordre.

Il en fera ufé de même par les brigades & les régimens.

92.

QUAND deux brigades ou régimens fe rencontreront en route, ils fe cèderont réciproquement la droite, fi le terrein permet qu'ils continuent à marcher; finon la brigade ou régiment de Cavalerie & de Dragons feront halte pour laiffer paffer l'Infanterie, & les Dragons pour laiffer paffer la Cavalerie. Si ces brigades & régimens étoient de même corps, le plus ancien pafferoit le premier. Les régimens en marche ne fe rendront aucun honneur, feulement les Soldats fans s'arrêter, aligneront leurs rangs & porteront leurs armes, & les Cavaliers & Dragons aligneront leurs rangs; les

Tambours

Tambours des piquets battront *aux champs*, & les Trompettes
fonneront.

Les détachemens en uferont entr'eux, comme il vient d'être dit pour les colonnes, brigades & régimens.

93.

LORSQUE les troupes croiferont une colonne d'équipages, elles la feront arrêter pour les laiffer paffer; les Commandans de ces troupes ne le feront cependant qu'autant qu'il ne leur feroit pas poffible de trouver un autre chemin.

94.

IL fera commandé tous les jours de marche, une garde de cinquante hommes d'Infanterie, pour marcher à la tête des gros équipages de chaque colonne. Lorfqu'elle fera à portée du nouveau camp, elle fe placera au débouché de la colonne, & arrêtera toutes les voitures défendues, & les fera conduire au quartier général en en rendant compte au Major général, qui, après avoir vérifié la contravention, les fera vendre au profit du détachement qui les aura arrêtées, ainfi qu'il fera expliqué plus amplement au *Titre XXVII.*

TITRE XXVI.
Inftruction pour les jours de combat.

QUOIQUE les troupes doivent, pendant toute la campagne, être prêtes à combattre à tout moment fi l'ennemi fe préfentoit, & que leurs armes doivent toujours être tenues dans le meilleur état; cependant lorfqu'on prévoira une action prochaine, les Officiers fupérieurs donneront à ces objets une attention encore plus grande.

Ils feront l'infpection la plus exacte des armes, ils les feront garnir de pierres neuves, ils auront foin qu'elles foient bien placées & affurées, que les Soldats en aient au moins deux de rechange, & que les gibernes foient complétées en cartouches.

I I

Les Officiers généraux obferveront, autant que cela fe pourra, de ménager les troupes dans les mouvemens qui précéderont une action; des troupes fraîches étant plus propres au combat que celles qui font haraffées.

Ils feront en forte de les faire repaître avant le combat, afin qu'elles foient plus en état de foutenir les fatigues de la journée.

Les inconvéniens qui réfultent de l'ufage où l'on eft de faire mettre bas les havre-facs avant une affaire, devant le faire profcrire, on ne fera jamais quitter les havre-facs pour combattre; la forme de ceux qui font ordonnés, & la manière de les porter laiffant au Soldat toute facilité de manœuvrer, & de fe fervir de fes armes. Si cependant on avoit quelque attaque à faire dans des pays de montagnes, ou autres lieux difficiles, & qu'il fût néceffaire de foulager les troupes, les Officiers généraux donneroient alors l'ordre de mettre bas les havre-facs.

Des troupes inftruites de ce qu'on exige d'elles, étant plus en état de le bien exécuter; le Général fera connoître clairement fon projet & fes difpofitions aux Officiers généraux; ceux-ci en feront part aux Officiers fupérieurs pour qu'ils puiffent inftruire les Officiers fubalternes, & ceux-ci les bas Officiers & Soldats, chaque grade en ce qui peut le concerner.

L'expérience ayant prouvé que les plus braves troupes font étonnées d'être attaquées lorfqu'elles ne s'y attendent point, les Officiers généraux & fupérieurs préviendront toujours les troupes à leurs ordres, de la proximité de l'ennemi; ils leur expliqueront fi elles font deftinées à l'attaquer, ou fi elles doivent l'attendre dans leurs poftes; dans le premier cas, ils les inftruiront des difpofitions néceffaires pour cette attaque, du point où elles doivent fe diriger, de celui où elles doivent s'arrêter après avoir forcé l'ennemi, & de l'efpèce & la quantité de troupes qui doivent le fuivre lorfqu'il fera rompu, ainfi que du lieu où elles devront fe retirer, fi elles étoient obligées de plier. Dans le fecond, ils feront

connoître aux troupes la bonté de leur poste, l'avantage
qu'il leur donne pour repousser l'ennemi, la manière de s'y
défendre, & de le rechasser s'il avoit percé par quelque point,
enfin le lieu de leur retraite, & la manière de la faire si elles
y étoient forcées.

Tout cela doit être dit clairement & en peu de paroles;
évitant également de donner ce qu'il y a à faire, comme trop
aisé, ou comme trop difficile; & de marquer trop de mépris
ou trop de crainte de l'ennemi.

Lorsqu'on a fait envisager aux troupes qui doivent faire
une attaque, que dès qu'elles se présenteront, l'ennemi aban-
donnera son poste, il en résulte si elles y trouvent de la résistance, qu'elles se persuadent qu'il a reçu un renfort, ou que
les Généraux n'ont pas connu le poste qu'ils leur ont fait
attaquer, ni bien jugé des difficultés qu'ils doivent y rencon-
trer; réflexions justes & dont la conséquence est faite pour
les intimider.

Il en est de même lorsqu'on attend l'ennemi dans un poste.
Si on a assuré les troupes que les premières décharges l'arrêteront, & qu'elles voient au contraire que malgré leur feu
il continue de marcher, & pénètre même dans quelque
partie, le désordre & l'effroi s'ensuivent immanquablement.

Les Officiers généraux & supérieurs ne dissimuleront donc
pas aux troupes à leurs ordres, la résistance qu'elles pourront
éprouver, ou les efforts qu'elles auront à soutenir; leur faisant
bien sentir que dans tous les cas, le succès dépend du silence
& de l'ordre qu'elles conserveront pendant l'action, de leur
exactitude à obéir à leurs Officiers, & sur-tout de leur fermeté,
& de leur courage, qui doit augmenter à proportion de celui
que témoigne l'ennemi.

Rien n'ayant tant de force sur les hommes que l'exemple
des chefs, les Officiers généraux & supérieurs, feront en sorte
que le leur inspire l'assurance & l'audace aux troupes qu'ils
commandent. C'est sur-tout lorsque les actions sont les plus
vives, ou qu'elles balancent, qu'il est nécessaire qu'ils se

montrent ; car il est très-différent d'ordonner aux hommes de marcher au danger, ou de les y conduire.

Comme le sort des armes est toujours incertain, & que malgré les dispositions les mieux faites, on peut perdre une bataille, le Général avant de la donner, indiquera aux Commandans des divisions, des ailes, & des réserves, les points vers lesquels ils devront se retirer; leur rappelant en même temps qu'ils ne doivent prendre ce parti qu'à la dernière extrémité, & leur répétant bien cette maxime, qu'un homme de guerre ne peut trop se graver dans l'esprit, que *ce sont les plus opiniâtres qui gagnent les batailles.*

Les Commandans des réserves seront instruits des corps qu'ils doivent soutenir & remplacer dans l'action, & ils ne perdront pas de vue que ce sont eux sur-tout qui peuvent contribuer au succès de la journée, en chargeant avec vigueur les troupes ennemies qui auroient pu percer la ligne, ou en tombant vivement sur le flanc de celles qui seroient trop de résistance.

Le Général marquera aux Commandans de ces différens corps, le lieu où il se tiendra le plus ordinairement pendant l'action, afin qu'ils puissent lui faire savoir ce qui se passera chacun dans leur partie, & lui demander les nouveaux ordres que les circonstances pourroient exiger.

Quelque actif que puisse être le Général, il est impossible qu'il voie tout le front de l'armée, ni qu'il soit par-tout; ainsi les ordres généraux une fois donnés, ce sera aux Commandans des ailes, des divisions & des réserves, à agir suivant les circonstances de la maniere la plus propre à procurer la victoire, conséquemment cependant au plan que le Général leur aura tracé, qui doit être toujours la base de leur conduite.

Ils s'attacheront avec soin aux principes suivans, de l'observation desquels dépend le succès de l'action. 1.° Qu'il faut qu'une armée soit bien mise en bataille avec les distances nécessaires, & que les corps de réserves soient bien placés. 2.° Que

137

2.º Que les divisions voisines l'une de l'autre se prêtent réciproquement secours, & se soutiennent mutuellement. 3.º Que les attaques dans les différens points s'exécutent en même temps, pour diviser l'attention de l'ennemi, & l'empêcher de réunir toutes ses forces dans une même partie. 4.º Que les charges soient vigoureuses, & faites à propos. 5.º Que quelque succès qu'elles aient, on ne s'emporte point trop avant; mais que faisant suivre l'ennemi vivement par quelques troupes détachées, on rallie promptement les corps, & on les remette en bataille pour être en état de résister à la seconde ligne des ennemis; ou de tomber sur les derrières des troupes de leur première ligne qui ne seroient point encore rompues. Cet article regarde encore plus particulièrement les ailes & les corps de cavalerie. 6.º De ne s'en point tenir à une première charge ou attaque, si elle a été malheureuse, mais de se reformer promptement, & de les renouveler vigoureusement, & autant de fois qu'elles seront nécessaires & possibles. 7.º Enfin lorsque la retraite deviendra la seule ressource, de la faire en bon ordre. Les différens corps voisins se réunissant, l'Infanterie & la Cavalerie se soutenant réciproquement, faisant souvent face à l'ennemi, & s'arrêtant au lieu marqué par le Général pour le point de retraite.

Pour remplir ces différens objets, les Officiers généraux & supérieurs feront observer ce qui suit:

L'armée se formera ordinairement sur deux lignes, à trois cents pas de distance l'une de l'autre; les réserves se placeront à trois cents pas de la seconde ligne, dans le lieu que le Général leur aura marqué.

Les brigades arrivées sur le terrein qu'elles devront occuper s'y mettront promptement en bataille, & se tiendront bien alignées sur leur droite ou sur leur gauche, suivant l'ordre qui leur en sera donné.

Il est très-important, sur-tout pour la Cavalerie, que les troupes soient bien alignées; sans cela elles se croiseroient en marchant à l'ennemi, ce qui causeroit beaucoup de désordre.

m m

On fera placer l'Artillerie du parc & des régimens, dans les endroits les plus avantageux pour découvrir & incommoder l'ennemi; on ordonnera aux Officiers commandant les différentes batteries, que dès que l'action fera commencée, ils dirigent leur feu fur les troupes plutôt que fur l'Artillerie ennemie, fur-tout lorfque ces troupes paroiffent être des corps d'élite deftinées à une attaque, & qu'elles s'avancent pour la former.

Si au contraire l'objet étoit d'attaquer des villages ou lieux retranchés, on les feroit battre le plus vivement qu'il feroit poffible par les batteries qui en feroient à portée, pour éteindre le feu des ennemis, & principalement celui des parties faillantes, ouvrir les haies ou les retranchemens, & donner aux troupes chargées de les attaquer, plus de facilité d'y pénétrer.

Pendant que les lignes fe formeront, & qu'on établira les batteries, les Officiers généraux, pour découvrir les difpofitions, & diminuer l'effet du canon des ennemis, feront marcher en avant du front de la ligne, les compagnies de Chaffeurs, ils les feront placer derrière de petites brouffailles, des haies, de petits foffés ou hauteurs, fuivant la nature du pays; il leur fera preferit de tirer fur les batteries des ennemis, & de s'attacher à en détruire les Canonniers; ces Chaffeurs ne fe tiendront point en troupes, pour ne pas donner prife au canon fur eux, mais ils fe fépareront, profitant de tout ce qui pourra les mettre à couvert, & fe tenant attentifs pour fe raffembler très-légèrement au premier fignal de leurs Officiers.

Les Officiers généraux & fupérieurs, donneront la plus grande attention à ce que les troupes marchent bien droit devant elles, fans fe jeter ni à droite ni à gauche, & gardant bien leurs diftances; ils empêcheront qu'elles ne marchent trop vite jufqu'à ce qu'elles foient arrivées à cent pas de l'ennemi, alors elles redoubleront de vîteffe; mais dès qu'il fera rompu, elles fe reformeront promptement & reprendront le pas ordinaire, en obfervant qu'il foit lent & raccourci, pour rétablir l'ordre plus facilement; les Chasseurs, soutenus par les Grenadiers, seront seuls chargés de la poursuite, en ayant soin cependant de se tenir toujours à portée de rejoindre avec sûreté leurs bataillons. Dans la Cavalerie, on lâchera seulement à la suite de l'ennemi battu, un certain nombre de Chevaux-légers & de Chasseurs des mieux montés, qu'on aura marqués pour cette destination avant le commencement de l'action.

Si au contraire on étoit repoussé, & que les troupes fussent mises en désordre, on observeroit de ne point entreprendre de les rallier sous un feu vif de l'ennemi, cela étant ordinairement impossible, & ne servant qu'à perdre beaucoup de monde & à redoubler l'effroi du Soldat; mais on les arrêtera à une distance où ils soient moins exposés; & après les avoir reformés, on les mènera reprendre leurs postes, ou faire une nouvelle charge.

Les Officiers particuliers, & sur-tout ceux de serre-file, veilleront à ce que les files & les rangs de leurs divisions soient toujours bien alignés & en ordre.

S'il arrivoit qu'en marchant, des escadrons ou bataillons perdissent leur direction, & se serrassent trop les uns sur les autres; ou que le terrein se rétrécit, les Officiers généraux ou supérieurs en useroient alors ainsi qu'il est prescrit dans ce cas par l'Ordonnance des manœuvres de chaque arme.

Lorsque la nature du terrein ou des circonstances, mettra l'Infanterie dans le cas de faire usage de son feu, les Officiers supérieurs des régimens veilleront alors à ce que, quelques feux que les Troupes exécutent, sur-tout si elles étoient à portée d'être chargées par de la Cavalerie, les bataillons ne se dégarnissent jamais de tout leur feu, & à ce que la vîtesse avec laquelle le Soldat tirera, ne l'empêche pas de bien mettre en joue, & n'occasionne aucun désordre; le silence devant toujours être observé, les rangs demeurer alignés & serrés, & les Soldats prêts à porter leurs armes au premier signal; & à exécuter les mouvemens qui leur seront ordonnés.

Les troupes seront averties une fois pour toute la campagne, que chaque division de l'artillerie du parc aura à sa suite, outre les munitions, des pièces de canon des régimens & des cartouches à fusils; ainsi lorsqu'elles se trouveront dans une action, elles en enverront chercher aux divisions d'artillerie qui se trouveront les plus à portée.

On fera aussi prévenir les troupes, avant que l'action commence, des endroits où seront placés les dépôts de l'hôpital ambulant.

Aucun Soldat, Cavalier ou Dragon ne pourra, sous peine de la vie, quitter son rang pendant l'action, pour dépouiller & fouiller les morts.

Il leur sera aussi défendu de conduire & transporter les blessés pendant le combat.

Aussitôt qu'il sera fini, les Officiers généraux & supérieurs feront remettre les brigades en bataille, les feront entourer de sentinelles, auxquelles il sera consigné de ne laisser sortir aucun Soldat, Cavalier ou Dragon, & ils resteront eux-mêmes à la tête de leurs divisions, brigades & régimens, pour les contenir dans l'ordre, jusqu'à ce que les tentes soient arrivées & le camp tendu.

Si les troupes couchoient au bivouac, les Officiers généraux demeureroient avec elles, & feroient observer toutes les précautions de sûreté & de police nécessaires.

Leur premier soin, après l'action, sera de faire commander des Officiers & des Soldats pour transporter diligemment les blessés au dépôt de l'hôpital ambulant, & ils feront rassembler, si cela est possible, pour le même usage, les paysans & les chariots des villages voisins; ils feront ensuite commander un nombre de Soldats, Cavaliers ou Dragons, par escouades, conduits par des Officiers, pour aller dépouiller les morts de l'ennemi; le butin sera rapporté au corps, & partagé par compagnie.

On enverra en même temps chercher les chevaux des tentes qui auront été envoyés avant l'action dans des endroits sûrs

sûrs, sous l'escorte, pour ceux de l'Infanterie, des gardes du camp de leurs bataillons; & pour ceux de la Cavalerie & des Dragons, des Cavaliers & Dragons démontés, & des surnuméraires, commandés par un Maréchal-des-logis par régiment.

Tous bas Officier, Cavalier, Dragon ou Soldat, qui prendra un drapeau, un étendard ou une pièce de canon, recevra une gratification de Trois cents livres, s'il amène la pièce de canon attelée, il lui sera donné de plus Cent cinquante livres par cheval.

S'il prend un Officier général ennemi, il recevra une gratification fixée par le Général de l'armée, proportionnée au grade du prisonnier & aux circonstances de sa prise.

Si ces bas Officiers, Cavaliers, Dragons ou Soldats, sont, par leur conduite précédente ou leur intelligence, susceptibles du grade d'Officier ou bas Officier, & en état de le remplir, le Colonel de leur régiment les nommera aux premiers emplois qui viendront à vaquer.

Si plusieurs bas Officiers, Cavaliers, Dragons ou Soldats prétendent à la même prise, la discussion sera réglée par leur Colonel, s'ils sont du même régiment; & s'ils étoient de différens corps, par le Major général ou le Maréchal général des logis de la Cavalerie.

Dans le cas où il n'y auroit pas de preuves suffisantes pour l'adjuger à un seul, la gratification sera partagée entre ceux dont les prétentions paroîtroient les mieux fondées.

TITRE XXVII.

Des Équipages des Officiers généraux, de la Police des tables, de l'Ordre de marche des Équipages de l'armée & du quartier général, des fonctions des Vaguemestres généraux & des Vaguemestres des brigades & régimens.

ARTICLE PREMIER.

LES seuls Officiers généraux & les Chefs des États-majors pourront avoir dans les armées une berline & un chariot, attelés au moins de quatre bons chevaux.

2.

ILS ne pourront avoir à la suite de leurs équipages, aucuns chariots de boulangers, de vivandiers ou de bouchers, à moins qu'ils ne commandent des corps séparés ; en ce cas il leur sera accordé par le Général les permissions relatives à leurs besoins.

3.

L'ÉQUIPAGE des Lieutenans généraux, consistera en quarante chevaux, & ceux des Maréchaux-de-camp en trente. Dans ce nombre, seront compris les attelages des voitures qui leur sont ci-dessus permises.

Les Lieutenants généraux ne pourront avoir que deux Aides-de-camp, & les Maréchaux-de-camp un seul ; les chevaux des Aides-de-camp seront compris dans ceux qui sont permis ci-dessus aux Officiers généraux ; & il ne sera à ce titre accordé aucun supplément de fourrages dans les distributions de l'armée.

4.

LES chaises à l'Italienne à deux roues, seront permises

seulement aux Officiers & Chirurgiens-majors, auxquels elles
font accordées au Titre premier, ainfi qu'aux Aides des
Etats-majors généraux & aux Commiffaires des guerres.

5.

TOUTES autres voitures à deux roues, quelque nom qu'on
puiffe leur donner, feront également défendues dans les
armées; & il n'y fera permis que des chariots à quatre roues
& à timon, tirés par quatre bons chevaux attelés deux à
deux.

Tous les chevaux de voitures, généralement, foit de l'Artillerie, des vivres, des vivandiers, ou des équipages, feront
cramponnés devant & derrière pendant toute la campagne.
Le Commandant de l'Artillerie, le Général des vivres, les
Commandans des corps & le Prévôt, feront refponfables,
chacun dans leur partie, de l'exécution de cet ordre.

6.

LES Officiers généraux feront mettre leurs armes ou leurs
noms à leurs berlines; & fur toutes les autres voitures, il
fera écrit le nom du maître à qui elle appartient, & celui
du régiment; & fur celles des vivandiers du quartier général, le nom du Vivandier & le numéro qui leur aura été
donné par le Prévôt lorfqu'il fe fera fait enregiftrer chez lui.

7.

LES Lieutenans généraux ne pourront avoir plus de vingt
couverts, & les Maréchaux-de-camp, douze; les Colonels-
Brigadiers, ou les Brigadiers-commandans de brigades, dix;
& les Colonels huit : les jours de marche & d'arrivée dans le
camp, il fera permis un plus grand nombre de couverts à
titre de halte; mais il ne fera fervi à ces haltes, qu'un feul
fervice compofé de groffes viandes & viandes froides.

Toute efpece de vaiffelle d'argent, à l'exception des four-
chettes, cuilliers & autres effets de menue argenterie,
connue vulgairement fous la dénomination de *petite oie*,

fera défendue. L'ufage de toute efpèce de porcelaine fera également profcrit.

Les tables des Officiers généraux & autres de quelques grades qu'ils foient, ne pourront être fervies que d'une chère fimple & militaire, fans aucune recherche de luxe. On n'y pourra faire ufage ni de criftaux, ni de fruits montés. Sa Majefté charge expreffément les Généraux de fes armées, de tenir la main à l'exécution de cet article.

8.

IL fera nommé au commencement de la campagne, par le Maréchal général des logis de l'armée, un Officier intelligent de Cavalerie ou de Dragons, pour être Vaguemeftre général de l'armée. Il aura fous lui deux Aides-vaguemeftres qui feront tirés d'entre les Maréchaux-des-logis ou Sergens.

9.

TOUS les Vaguemeftres des brigades & des régimens, viendront fe faire infcrire chez le Vaguemeftre général, le jour de leur arrivée au premier camp; il en dreffera un contrôle, & ce fera fur fes certificats, vifés du Maréchal général des logis de l'armée qu'ils feront payés; favoir, les Vaguemeftres des brigades, à raifon de trois livres, & ceux des régimens, de vingt fous par jour de marche.

10.

LORSQUE l'on enverra les équipages fur les derrières, tous les Vaguemeftres des brigades recevront tous les jours les ordres du Vaguemeftre général, pour le rang qu'ils devront occuper dans leurs marches pour les rendez-vous où ils devront s'affembler & l'heure du départ, & ils le donneront aux Vaguemeftres des régimens de leur brigade.

11.

HORS ce cas, le Vaguemeftre fera feulement chargé de la conduite des équipages du quartier général & des Vivandiers qui y feront attachés. Le Maréchal général des
logis

145

logis de l'armée lui fera remettre les jours de marche, ──────
l'ordre dans lequel ils devront marcher, & le lieu où ils Tit. XXVII.
s'assembleront. Il aura soin d'en instruire les Domestiques
des Officiers généraux & autres attachés au quartier général,
& d'en faire part au Prévôt de l'armée pour qu'il y fasse
trouver les Vivandiers.

12.

LE Vaguemestre général se rendra au rendez-vous, avant
l'heure où les équipages devront s'y assembler; & à mesure
qu'ils y arriveront, il les fera placer chacun dans le rang marqué
ci-après.

>   Les menus équipages du Général, des Princes du Sang
>   & Légitimés de France, suivront leur rang:
>   De l'Intendant:
>   Du Trésorier:
>   Du Maréchal général des logis de l'armée:
>   Du Major général:
>   Du Maréchal général des logis de la Cavalerie:
>   Des Officiers généraux attachés au quartier général:
>   Du Général des vivres, & de celui de la viande:
>   Des Aides des trois États-majors, suivant l'ordre marqué
>   ci-dessus pour leurs Chefs:
>   Des Brigadiers, Colonels & Maîtres-de-camp, à la suite
>   du quartier général:
>   Des Commissaires des guerres:
>   Des Volontaires, Étrangers, & autres personnes attachées
>   au quartier général:
>   Des Vivandiers, qui n'auront que des chevaux de bât:

13.

LES gros équipages marcheront à la suite des menus &
dans le même ordre, excepté que les voitures du Trésor
de l'armée, & celles du Trésor des vivres en auront la tête,
& précéderont celles du Général de l'armée, qui seront
suivies des voitures de la poste.

Les chariots du pays, chargés de fourrages, & attachés à l'Intendance, marcheront après les chariots des Vivandiers.

L'hôpital ambulant recevra tous les jours de marche, un ordre particulier pour la colonne où il devra marcher, & le rang qu'il devra y tenir.

14.

TOUTES les fois que l'armée marchera, il sera commandé une compagnie de Grenadiers & une de Chasseurs, pour se rendre, aussitôt *la générale* battue, au logis du Trésorier, & y relever l'Officier qui le gardoit ; ces Grenadiers & Chasseurs l'escorteront pendant toute la marche & jusqu'à son nouveau logis, & ne le quitteront point jusqu'à ce qu'ils aient été relevés par la nouvelle garde du Trésor, & que les gardes du quartier général ne soient posées : le Capitaine qui commandera ces Grenadiers, en prendra un certificat du Trésorier, qu'il remettra au Major général.

15.

COMME le Trésor des vivres marchera avec le Trésor de l'armée, le Capitaine commandant les Grenadiers & Chasseurs, veillera également à sa sûreté.

16.

LA garde de Cavalerie du quartier général, marchera avec le Trésor, & donnera main-forte au Vaguemestre général ou à ses Aides, pour maintenir la police & l'ordre dans la marche.

17.

IL marchera outre cela avec les équipages du quartier général, un détachement de Maréchaussée avec les Caporaux de la Prévôté.

18.

LE Général de l'armée, les Princes du Sang & Légitimés de France, & les Maréchaux de France, feront rester pendant la marche, avec leurs équipages, leurs gardes entières ou un détachement, ainsi qu'il leur plaira de l'ordonner.

19.

LA garde de l'Intendant, demeurera aussi avec son équipage
pour la sûreté de ses papiers.

20.

NUL autre Officier, de quelque grade qu'il soit, ne
donnera aucune escorte armée à son équipage, & toutes les
gardes des Officiers généraux & autres, rentreront à l'assemblée
dans leurs régimens; s'il y étoit contrevenu, le Major du
régiment dont sera l'escorte, en rendra compte au Major
général, & le Vaguemestre général au Maréchal général
des logis de l'armée, qui seront tenus l'un & l'autre d'en
instruire le Général.

21.

LES Officiers généraux pourront cependant garder avec
leurs équipages, deux hommes de leurs anciennes gardes,
dont, à l'arrivée au camp, l'un restera au nouveau logement
pour le garder, & l'autre ira au camp chercher la nouvelle
garde.

22.

LE Vaguemestre général conduira les équipages pendant
la marche, leur faisant suivre exactement les guides qui leur
seront donnés, & empêchant qu'ils ne les devancent.

23.

IL fera arrêter les Valets, Vivandiers, &c. qui voudroient
passer devant leur rang.

24.

LE Vaguemestre général fera arrêter toutes les voitures
appartenantes à des personnes auxquelles elles ne sont point
permises; toutes celles excédant le nombre permis, ou d'une
espèce différente; tous les chariots des paysans, lorsqu'il n'y
aura pas une permission par écrit de s'en servir, donnée par
l'Intendant, si c'est à des personnes attachées au quartier
général, ou par le Major général, ou le Maréchal général
des logis de la Cavalerie, si elles sont de ces corps; & enfin
tous les Vivandiers sans numéro, & qui n'auront point été
enregistrés par le Prévôt.

25.

Il fera conduire ces voitures, en arrivant au quartier général, par la garde de Cavalerie, chez le Prévôt, qui, après avoir pris les ordres du Major général, les fera vendre, & en diſtribuera l'argent aux Cavaliers de cette garde & à ceux de la Prévôté.

26.

Il veillera à ce que chaque Vaguemeſtre particulier, faſſe ſon devoir, & à ce que les ordres donnés, ſoient ponctuellement exécutés.

27.

Les valets ſe tiendront, dans les marches, à l'équipage de leurs Maîtres, & les Vivandiers dans le rang de leur numéro, ſans s'écarter ni à droite ni à gauche.

28.

Les équipages du quartier général, qui ſeront arrêtés pour quelque cauſe que ce ſoit, ne pourront reprendre la file qu'à la ſuite de tous ceux des Officiers du même grade que leurs maîtres, & les Vivandiers à la ſuite de tous les Vivandiers du quartier général.

29.

A l'égard des équipages des troupes, ceux qui ſe ſeront arrêtés ne pourront reprendre la file qu'à la queue des équipages de leurs bataillons, de leurs eſcadrons, de leurs régimens ou de leurs brigades, & ſi ceux de leurs brigades étoient paſſés avant qu'ils fuſſent en état de marcher, ils ſeront obligés d'attendre que tous les équipages de la colonne aient défilé pour en prendre la queue.

30.

Aucun Charretier ni Conducteur de bagages, ne coupera ni devancera celui qui le précédera, à moins que celui-ci ne puiſſe pas ſuivre la colonne.

31.

Le Vaguemeſtre général & les Vaguemeſtres des régimens & des brigades, feront arrêter tous les Valets &
Vivandiers

149

Vivandiers qui contreviendront à ce qui est prescrit dans les quatre articles ci-dessus, & ils les feront conduire au Major général s'ils sont du quartier général, ou au Major de leur brigade ou régiment, pour être punis par leurs ordres par les Caporaux de la préyôté.

32.

LES jours que l'armée décampera, les Vaguemestres des brigades recevront l'ordre pour la marche, des Majors de leurs brigades, & ils le donneront ensuite aux Vaguemestres des régimens qui le donneront aux Valets des Officiers.

33.

LES Vaguemestres des régimens en feront charger & atteler les équipages à l'heure marquée, & ils les conduiront au rendez-vous indiqué.

34.

ILS ne souffriront point qu'aucun bagage se mette en marche que le Vaguemestre de la brigade ne soit venu l'ordonner, & ils feront arrêter tout conducteur d'équipages qui sera parti avant l'heure prescrite.

35.

LE Vaguemestre de la première brigade de la division ou de l'aile, y fera les fonctions de Vaguemestre général; & il fera marcher les équipages de chaque brigade, suivant l'ordre qu'elles y tiendront, les faisant précéder par ceux des Officiers généraux qui y seront attachés.

36.

LES Vaguemestres des brigades feront mettre en marche les équipages de chaque régiment, suivant le rang que ledit régiment tiendra dans la brigade; l'équipage du Brigadier marchera à la tête.

37.

IL en sera usé de même par les Vaguemestres des régimens, pour les équipages des bataillons ou des escadrons

P P

qui les compofent; les équipages des Colonels & Meftres-
de-camp marcheront à la tête de ceux de leur régiment.

38.

LES menus équipages précèderont toujours les gros, ainfi
qu'il a été expliqué précédemment pour ceux du quartier
général, *article 12.*

39.

LES Vaguemeftres des brigades & des régimens, obferveront chacun, pour la conduite & police des équipages
dont ils feront chargés, ce qui eft prefcrit ci-deffus pour le
Vaguemeftre général.

TITRE XXVIII.

De la Difcipline & Police dans les Armées.

ARTICLE PREMIER.

UN régiment ne montera jamais à cheval ni ne prendra
les armes dans les armées que pour l'exercice, fans la permiffion du Commandant de l'armée, à moins que cela ne
lui foit ordonné fur le champ par un Officier général.

2.

AUCUN Officier ne pourra s'abfenter de l'armée, ni même
en découcher, fans la permiffion par écrit du Commandant
de l'armée, & on s'adreffera au Maréchal général des logis de
la Cavalerie pour avoir cette permiffion.

3.

LES Officiers ne pourront de même, fans la permiffion
du Général, profiter des congés qu'ils obtiendront.

4.

AUCUN Officier ne pourra fe fervir des voitures & chevaux
du pays, fous peine de prifon.

5.

S'IL s'en trouve qui par des malheurs arrivés à leurs équipages, aient besoin de ces secours, ils s'adresseront au Maréchal général des logis de la Cavalerie qui les leur procurera.

6.

A cet effet il y aura toujours à la suite du quartier général, un parc de voitures rassemblées par les ordres de l'Intendant de l'armée, & auquel sera préposé un Commissaire des guerres pour en faire le détail.

7.

LE Maréchal général des logis de la Cavalerie procurera aux Officiers qui en auront besoin, une permission par écrit & limitée pour prendre audit parc des chariots, qu'ils payeront à raison de vingt-cinq sous par jour par chaque cheval pendant le temps qu'ils les emploiront.

Ils seront tenus en outre de nourrir les conducteurs desdits chariots, & de pourvoir à la subsistance de leurs chevaux.

8.

AU terme expiré de la permission, les Officiers seront tenus de les renvoyer au parc, & retireront les reçus qu'ils auront donnés au Commissaire des guerres chargé de ce détail; faute de quoi, sur la plainte des Paysans, ils payeront le prix des chevaux & des chariots.

9.

LA chasse sera généralement défendue à tout ce qui composera l'armée, tant au camp, que dans les quartiers & cantonnemens. Les Officiers qui seront convaincus d'y avoir été, seront envoyés en prison pour trois mois; & les Cavaliers Valets & Vivandiers seront punis par les Caporaux de la Prévôté.

10.

IL sera pareillement défendu, sous la même peine, de

pêcher, de couper des arbres fruitiers ou de décoration, d'arracher les jalons qui marqueront les chemins des colonnes, d'enlever aucune haie, paliffade ou poteau, & de prendre aucun bois neuf ou vieux façonné.

11.

IL ne pourra être établi dans le camp, ou aux environs, aucuns jeux de hafard, fous quelque nom qu'ils puiffent être défignés ; à peine pour ceux qui donneront à jouer, d'un an de prifon, & de quatre mois pour les Officiers qui auront joué.

12.

LES Officiers & Maréchaux-des-logis de piquet, vifiteront de temps en temps les lieux où les Cavaliers pourroient tenir des jeux dans le voifinage du camp, & ils y enverront des patrouilles pour les arrêter.

13 & 14.

DANS les vingt-quatre heures de la prife d'un Cavalier, ou de la rentrée d'un détachement dans lequel il aura été pris, le Capitaine fera tenu d'en rendre compte au Major du régiment ; & celui-ci en fera part auffitôt au Maréchal général des logis de la Cavalerie.

15.

LE Maréchal général des logis de la Cavalerie tiendra un état par régiment & par compagnie, des Officiers de Cavalerie, & des Cavaliers qui auront été faits prifonniers de guerre, fpécifiant les occafions où ils auront été pris, afin d'y avoir recours lorfqu'il s'agira de conftater par qui la rançon devra être payée.

16.

AUCUN Officier ne pourra engager un déferteur venant de l'ennemi qu'après que le Maréchal général des logis de la Cavalerie lui en aura fait obtenir la permiffion du Général de l'armée.

153

Il ne sera pareillement point permis d'acheter ses armes, ni aucune partie de son équipement.

17.

Tous les chevaux des déserteurs ennemis seront conduits, tout équipés au Général, &, s'ils sont jugés propres au service, achetés pour le compte de Sa Majesté, & payés auxdits déserteurs à raison de cent livres par cheval de Cavalier avec sa selle & bride; de soixante livres par cheval de Dragon; & de cinquante livres par cheval de Hussard.

18.

Les armes, gibernes, ceinturons & bandoulières des déserteurs seront remises au Prévôt de l'armée, & par lui au Commandant de l'Artillerie; il en sera tenu un état, & il en tirera un reçu: il sera défendu à toutes personnes de les acheter.

19.

Les chevaux qui seront trouvés sans maître, ou sans conducteur dans le camp ou dans les environs, seront menés chez le Prévôt de l'armée qui les rendra à qui ils appartiendront.

20.

On restituera de même, sans rien payer, ceux qui, ayant été perdus ou volés, seront réclamés par leurs maîtres, quand même ils auroient été vendus par ceux qui les auroient volés ou trouvés: devant être défendu à qui que ce puisse être, d'acheter des chevaux d'autres que d'un Officier connu.

21.

Personne ne pourra enrôler ni engager le Domestique d'un Officier, sans le congé de son maître, non plus qu'aucun Charretier ou autre homme servant dans les équipages de l'Artillerie & des Vivres, s'il n'est porteur d'un congé en bonne forme, à peine de nullité de l'engagement, & de perdre ce qui aura été donné au Domestique, &c.

22.

Les Officiers pourront reprendre leurs Valets par-tout

où ils les trouveront; & les Valets qui les quitteront sans en avoir fait connoître les raisons aux Commandans des corps, seront punis suivant la rigueur des Ordonnances.

23.

TOUT Valet qui, étant sorti de condition, voudra se retirer de l'armée, sera obligé de prendre un congé du Prévôt, qui lui servira de passeport.

24.

IL sera défendu à toutes personnes, d'aller au-devant de ceux qui apporteront des vivres au camp, de leur faire aucun tort ou violence, ni d'en tirer aucune rétribution; à peine aux Cavaliers, Valets, Vivandiers & autres qui contreviendront à ces défenses, d'être envoyés au Prévôt, où ils seront punis par les Caporaux de la Prévôté.

25.

IL leur sera défendu, sous la même peine, de donner aucun empêchement aux moulins, bâtardeaux ou écluses, dans les environs du camp.

26.

QUI que ce soit qui sera trouvé chargé de hardes & d'ustensiles, pris en maraude, sera envoyé au Prévôt, & jugé comme voleur suivant la rigueur des Ordonnances.

27.

LES Majors ne souffriront point qu'aucun autre Vivandier que ceux de leur régiment, s'établisse dans le terrein qu'il occupera.

28.

ON ne souffrira point à la suite des corps, des gens sans aveu; & s'il s'y en trouve, ils seront envoyés au Prévôt.

29.

LORSQU'ON enverra au Prévôt un Cavalier, Valet, Vivandier ou autre, le Major du régiment qui l'enverra, marquera sur un billet, le sujet pour lequel il y sera

1778

155

conduit, n'étant permis à aucun Officier particulier d'y envoyer directement.

30.

Il sera défendu à tous Employés, Vivandiers & autres gens à la suite de l'armée, d'être vêtus de bleu; cette couleur n'étant permise qu'à ceux qui y seront autorisés par leur uniforme. Les Valets qui en seront habillés, porteront des galons de livrée.

31.

Tous les Commis des vivres, de la viande, des hôpitaux & des fourrages, seront tenus de porter des cocardes des couleurs qui leur seront prescrites par le Général de l'armée.

32.

La discipline de l'armée exigeant qu'il y ait une peine afflictive pour contenir les Valets, Vivandiers & autres gens qui la suivent; il sera établi, à la suite de la Prévôté, des Caporaux pour punir ceux qui manqueront aux ordres donnés.

33.

Le nombre de ces Caporaux, sera proportionné à la force de l'armée; ils seront vêtus & coiffés uniformément, & de manière qu'on puisse les reconnoître & les voir de loin.

Ils seront aussi tous montés, afin de pouvoir suivre les détachemens de la Prévôté, les jours de marche & de fourrage.

34.

Tous Valets, Vivandiers & autres suivant l'armée, qui seront trouvés en contravention aux ordres établis, seront conduits au Prévôt, & punis au milieu du quartier général, par les susdits Caporaux.

35.

Aucun détachement de la Prévôté, ne pourra faire punir sur le champ les contrevenans, à moins qu'il ne lui en soit donné ordre par un Officier général supérieur, ou de l'État-major de la Cavalerie; sans cela, il sera tenu de les mener au

Prévôt général, pour que celui-ci puisse ordonner de leur punition.

36.

TOUT Cavalier contrevenant à la discipline de l'armée & faisant du désordre, ne devant plus être regardé que comme un homme incapable d'être conduit par l'honneur, subira le même genre de punition à la tête de sa brigade, suivant l'ordre qu'en donnera le Maréchal général des logis de la Cavalerie, d'après le compte qui lui en aura été rendu par l'Officier de la garde qui l'aura arrêté, ou par le Prévôt, s'il a été pris par un détachement de la Prévôté.

37.

LORSQUE des Soldats, Cavaliers, Dragons ou Valets auront été arrêtés contrevenans aux ordres, par des gardes, autres que celles de leurs régimens, ou par des détachemens de la Prévôté ; il sera payé par le Capitaine ou Maître à qui ils appartiendront, six livres par chaque homme qui sera puni par les Caporaux de la Prévôté.

Mais quand ce sera les gardes du même régiment qui les auront arrêtés & qu'ils auront été envoyés au Prévôt par le Major, il ne sera rien payé ; & le Soldat, Cavalier, Dragon ou Valet, sera seulement puni ainsi qu'il a été dit ci-dessus.

38.

LORSQUE les régimens auront besoin de Caporaux de la Prévôté, pour la punition de leurs Cavaliers, ils les enverront chercher chez le Prévôt par une escorte, & les feront ramener de même.

39.

NE dérogeant point au surplus cette punition établie, aux peines portées par les Ordonnances, & notamment par l'Ordonnance des crimes & délits militaires, qui sera exécutée dans toute sa teneur lorsque le cas y écherra.

TITRE XXIX.

TITRE XXIX.

De la Prévôté & de la Police du Quartier général.

ARTICLE PREMIER.

LE Prévôt de l'armée & les détachemens à ses ordres, veilleront à la police & au bon ordre.

2.

IL sera lui-même aux ordres du Major général, & il aura sous lui toute inspection & autorité sur les Vivandiers, Marchands & autres à la suite du quartier général. Aucun ne pourra suivre l'armée sans sa permission, & sans être inscrit & numéroté chez lui.

3.

AVANT que l'armée entre en campagne, il veillera à ce qu'il y ait à la suite du quartier général, un nombre suffisant de Vivandiers, Bouchers, Boulangers, Marchands de vin, Armuriers & Artisans de toute espèce, & il leur donnera toute protection & sûreté nécessaires.

4.

IL éloignera de l'armée tous gens sans aveu, suspects ou inutiles, devant être informé par ses Cavaliers ou autres qu'il proposera à cet effet, du commerce d'un chacun.

5.

IL fera, avant d'entrer en campagne, la revue de tous les équipages des Vivandiers, ayant spécialement soin qu'ils n'aient que des voitures à quatre roues, attelées de quatre bons chevaux ou des chevaux de bâts.

Il fera numéroter toutes les voitures, & écrire en outre dessus, en gros caractères, le nom des Vivandiers auxquels elles appartiendront.

6.

IL en donnera un état signé de lui au Vaguemestre général

r r

de l'armée, afin que fur cet état, il puiffe leur être donné le fourrage néceffaire, & leur faire prendre leurs rangs dans les marches, & pour qu'il puiffe faire connoître & faire arrêter tous les Vivandiers & leurs voitures qui n'auroient pas été infcrites chez le Prévôt.

7.

IL tiendra un contrôle exact de tous les Vivandiers, Marchands & autres à qui il aura permis de fuivre l'armée. Sur ce contrôle, feront marqués leurs noms, leurs numéros, leur profeffion ou commerce, le nombre de leurs Domeftiques, & celui de leurs chevaux & voitures.

8.

IL fera ordonné à tous Vivandiers & Marchands de vin, de ne vendre aucune eau-de-vie de grain.

9.

ILS feront tenus d'être toujours pourvus de vinaigre pour en fournir aux troupes. Le prix de ce vinaigre fera taxé au commencement de la campagne, & ne variera plus jufqu'à la fin.

10.

LORSQU'IL y aura des corps ou réferves détachés de l'armée, le Prévôt y enverra le nombre de Vivandiers qui lui fera prefcrit par le Major général, ou par le Maréchal général des logis de la Cavalerie; & à cet effet, ils feront tous commandés, chacun à leur tour, pour y marcher.

11.

LE Prévôt de l'armée fournira tous les détachemens qui lui feront commandés par le Major général & le Maréchal général des logis de la Cavalerie, pour marcher avec les colonnes des troupes, des équipages & des fourrageurs.

12.

IL fera faire de fréquentes patrouilles dans l'arrondiffement du camp, pour veiller au bon ordre & empêcher la maraude.

13.

LES Commandans des corps, les gardes du quartier

159

général & tous les poftes de l'armée, prêteront main-forte
aux détachemens de la Prévôté, lorfqu'ils en feront requis.

14.

LORSQUE pour affurer de plus en plus la police dans
l'armée, il fera ordonné des amendes pour les contrevenans,
le Prévôt en tiendra un regiftre exact, & en rendra compte
tous les mois au Major général, pour qu'il foit fait de ces
fonds l'ufage que le Général jugera à propos d'ordonner.

15.

LE grand nombre de Prifonniers détenus à la Prévôté,
étant à charge à l'armée pour les gardes qu'il exige; tous
Cavaliers, Soldats, Valets, Vivandiers & autres qui y feront
conduits, feront punis fur le champ, s'ils le méritent, finon
renvoyés d'après l'ordre qu'en donnera le Major général, ou
le Maréchal général des logis de la Cavalerie, fur le compte
qui lui en aura été rendu par le Prévôt.

16.

IL ne reftera aux prifons de la Prévôté que les criminels
à juger pour des cas prévôtables, & même fi leur procédure
traîne en longueur, les fufdits criminels feront renvoyés dans
les prifons des places fur les derrières de l'armée.

17.

IL fera nommé par le Général de l'armée, un Officier
pour faire les fonctions de Lieutenant de Roi ou de Major
du quartier général.

18.

CET Officier y fera chargé, fous l'infpection du Major
général, de toute la police & difcipline relativement aux
Troupes.

19.

IL placera les gardes du quartier général, leur donnera
les confignes, l'ordre de marche, & les emploiera à maintenir le bon ordre.

20.

IL aura chez lui une ordonnance de chacune de ces gardes.

21.

IL vérifiera journellement fi les Soldats font conduits en regle au quartier général, & ramenés de même au camp; & il rendra compte au Maréchal général des logis de la Cavalerie, des régimens qui auront manqué fur cet objet à l'ordre prefcrit.

22.

POUR maintenir plus parfaitement le bon ordre & la police dans le quartier général, chaque brigade y enverra tous les matins un Maréchal-des-logis, qui y fera aux ordres du Major du quartier général.

23.

CES Maréchaux des logis arrêteront les Cavaliers de leurs brigades qui ne fe feront pas trouvés aux rendez-vous qui leur auront été donnés par leurs Officiers. ils prendront leurs noms, & en rendront compte chaque foir en rentrant au camp aux Majors de leurs régimens, afin qu'ils foient punis.

24.

IL fera de plus donné ordre à tous les poftes du quartier général, d'arrêter tous les Soldats, Cavaliers ou Dragons qui s'y trouveront après les heures prefcrites; ils feront conduits à la garde de la place, & il en fera rendu compte au Major général ou au Maréchal général des logis de la Cavalerie, fuivant le corps dont ils feront, pour qu'ils ordonnent de la punition.

25.

LE Lieutenant de Roi ou Major du quartier général, recevra directement les ordres du Major général pour l'éta-bliffement des gardes, le déblai des équipages, la deftination des anciennes gardes & le rendez-vous des nouvelles.

26.

LORSQUE l'armée arrivera dans un nouveau camp, il indiquera le terrein où devront camper les Vivandiers, Marchands, Artifans & autres à la fuite du quartier général, aucuns d'eux ne pouvant, fous aucun prétexte, tendre de tentes ni loger dans l'intérieur du quartier général.

27. Cet

178

161

27.

CET emplacement sera choisi, autant qu'il sera possible, à l'entrée du quartier général & sur le chemin du camp.

28.

LES tentes des Vivandiers seront alignées & séparées par de grandes rues, chaque profession y ayant son quartier particulier.

29.

LES gardes du quartier général y feront de fréquentes patrouilles, sur-tout pendant la nuit.

30.

LES jours de marche, le Major du quartier général fera charger & déblayer les équipages à l'heure indiquée, & il renverra les vieilles gardes, ainsi qu'il sera ordonné.

31.

IL rejoindra ensuite les campemens de l'armée, & lorsque le nouveau quartier général sera déterminé, il y mènera les nouvelles gardes.

32.

LES gardes du quartier général, ne prendront les armes que pour le Général de l'armée, les Princes du Sang & Légitimés de France, & les Maréchaux de France.

33.

IL marchera toujours un détachement de la Prévôté à la colonne des équipages du quartier général.

34.

CE détachement veillera à ce qu'il n'y ait dans cette colonne que les Vivandiers, Marchands & autres inscrits chez le Prévôt.

35.

TOUS les Artisans, Vendeurs d'eau-de-vie & autres gens de pied suivant l'armée, marcheront à ladite colonne; & tous ceux d'entr'eux qui se mêleront dans les colonnes des Troupes, seront arrêtés & punis.

ſſ

Il sera commandé tous les jours, une garde de cinquante Maîtres pour le quartier général ; elle fournira au Prévôt de l'armée les escortes qui lui seront par lui demandées.

Elle ne montera à cheval pour personne sans un ordre du Général, qui lui prescrira ce qu'elle aura à faire.

Son Maréchal-des-logis ira prendre l'ordre chez le Lieutenant de Roi, ou Major du quartier général.

TITRE XXX.
Des Distributions.

ARTICLE PREMIER.

Les Cavaliers n'iront jamais à quelque distribution que ce soir, sans être assemblés en ordre, & conduits par des Officiers & bas Officiers armés, & les Fourriers de leur compagnie.

2.

On commandera toujours un Lieutenant ou Sous-lieutenant par escadron pour chaque distribution, & les Cavaliers seront partagés suivant leur nombre en plusieurs divisions, & marcheront dans le même ordre que s'ils étoient sous les armes.

3.

Arrivés au lieu où la distribution devra se faire, l'Officier qui les commandera les mettra en bataille ; la première division ira recevoir ce qui devra lui être fourni, après quoi elle reviendra à son poste ; la seconde en sera de même, & ainsi des autres.

4.

Le Quartier-maître du régiment, marchera toujours avec les campemens, & se trouvera à toutes les distributions, pour les faire faire en règle, & pour en donner des reçus.

5.

Si le Quartier-maître étoit absent ou employé à un autre objet, il y seroit suppléé par un des Porte-étendards.

6.

LES Officiers chargés de faire faire les distributions, ne s'y présenteront qu'avec un état exact du nombre de rations qu'ils auront à demander pour chaque compagnie.

7.

ILS se rendront d'abord où le Commis principal tiendra le Bureau, & celui-ci leur donnera des Commis particuliers pour conduire chacun d'eux avec sa troupe au lieu où la distribution devra lui être faite.

8.

IL sera fait mention sur les reçus, des quantités qui auront été délivrées à chaque compagnie.

9.

IL se trouvera à toutes les distributions faites des magasins de Sa Majesté, un Commissaire des guerres préposé par l'Intendant de l'armée, pour régler, de concert avec les Officiers, chargés des distributions, les difficultés qui pourroient survenir; étant très-expressément défendu à ces Officiers de se faire justice eux-mêmes.

10.

S'IL arrive pendant la distribution, des difficultés que le Commissaire des guerres & les Officiers ne puissent pas décider eux-mêmes, le Commissaire en rendra compte à l'Intendant, & les Officiers, aussi-tôt après leur retour au camp, en informeront les Majors de leurs brigades, qui en rendront compte au Maréchal général des logis de la Cavalerie.

11.

LORSQU'UNE distribution quelconque sera commencée, elle ne pourra être interrompue par l'arrivée d'un régiment plus ancien que celui auquel se fera la distribution; mais si plusieurs régimens arrivent en même-temps, on commencera la distribution par le plus ancien.

12.

L'ÉTAT de chaque distribution de pain, viande, fourrages & autres, sera toujours pris d'avance par compagnies, escadrons

& régimens; & l'état général, signé du Commandant du corps, sera remis au Quartier-maître, ou à son défaut à l'Officier chargé de la distribution.

13.

LES Cavaliers seront conduits à toutes les distributions en sarots & bonnets. Ils n'iront jamais à cheval aux distributions, qu'à celle des fourrages; devant aller à pied à celle du pain, viande, bois, &c. à moins que cela ne devînt absolument nécessaire par l'éloignement où elles seroient faites; & en ce cas l'ordre en sera donné par le Maréchal général des logis de la Cavalerie.

14.

LORSQUE l'armée arrivera dans un nouveau camp, le Maréchal général des logis de l'armée indiquera au Maréchal général des logis de la Cavalerie les villages où la Cavalerie se pourvoira de fourrage & de paille,

15.

IL sera réglé la quantité de fourrage qui sera donnée à chaque escadron.

16.

UN Aide-maréchal général des logis de la Cavalerie avec le Quartier-maître, ou à son défaut un des Officiers de campement de chaque régiment, ira rassembler dans les villages voisins, la quantité de fourrage qui sera nécessaire, la fera sortir hors des maisons; & lorsque les Troupes seront arrivées dans le camp, elles y seront menées avec des escortes.

17.

SI l'on est obligé d'avoir recours aux maisons occupées par les Officiers généraux, ils en seront prévenus par l'Aide-maréchal général des logis de la Cavalerie.

18.

DANS les camps de séjour, lorsque la paille aura besoin d'être renouvelée, le Maréchal général des logis de la Cavalerie donnera de nouveaux ordres pour qu'il y soit pourvu, & avec les mêmes précautions.

19. DANS

19.

DANS le temps des légumes, les Brigadiers & Commandans des corps, pourront y envoyer un certain nombre d'hommes par escouade, avec une escorte, toutefois après qu'ils en auront demandé l'ordre au Maréchal général des logis de la Cavalerie.

20.

ILS feront reconnoître auparavant le terrein le plus à portée de leur camp, & ils l'entoureront de sentinelles qui ne laisseront passer personne au-delà.

21.

LES Cavaliers ayant eu le temps de rassembler & d'éplucher les légumes, seront ramenés au camp en ordre, & on ne souffrira pas qu'aucun d'eux reste derrière, ni qu'il y retourne.

22.

IL sera porté la plus grande attention à ce que ces distributions soient proportionnées aux besoins du Cavalier, & à ce qu'il ne cueille que des légumes mûrs & sains.

23.

LORSQU'IL sera fait à des détachemens des distributions particulières en pain, viande & fourrages, l'Officier ou bas Officier qui aura donné son reçu, sera obligé d'en rendre compte à son retour au camp, afin que le Quartier-maître puisse l'enregistrer, & connoître sur qui la retenue devra être faite lorsqu'elle sera ordonnée.

24.

IL se trouvera toujours un Aide-maréchal général des logis de la Cavalerie aux distributions de l'armée, pour examiner l'espèce des fournitures, & veiller à ce que tout s'y passe dans l'ordre prescrit. Il y aura avec lui un Caporal de la Prévôté, pour faire punir sur le champ les Cavaliers ou Valets qui pourroient y manquer.

25.

POUR que les distributions de pain soient faites plus promptement, & diminuer la fatigue des Troupes; les caissons

t t

des vivres, autant que cela sera possible, se diviseront en trois parties, dont l'une se rendra au centre des deux lignes, derrière le premier régiment d'Infanterie de la droite; elle sera destinée à donner le pain à l'aile droite de la Cavalerie & à la première division d'Infanterie : la seconde partie des caissons se placera au centre des deux lignes, entre la seconde & la troisième division, & servira pour les troupes qui les composent. La troisième partie sera pour celles de la quatrième division & l'aile gauche de la Cavalerie.

Pendant la guerre, la ration de pain sera augmentée de quatre onces, en sorte qu'elle pèsera vingt-huit onces.

26.

ON aura de même l'attention de faire approcher les caissons des corps campés en réserve.

27.

LES distributions de viande, se feront de même dans plusieurs endroits marqués par le Major général, qui assignera l'heure à laquelle elle devra être tuée, afin qu'elle ait le temps d'être refroidie avant d'être livrée; & il ne permettra jamais, à moins d'une absolue nécessité, qu'elle soit livrée chaude, à cause du déchet qui en résulte pour le Soldat.

Les Officiers chargés des distributions dans les régimens, ne pourront plus s'attribuer les langues des bœufs tués, pour les livraisons qui leur seront faites; lesdites langues seront données à tour de rôle à chaque compagnie.

28.

IL sera distribué aux Troupes, du riz au commencement & à la fin de la campagne, lorsque la terre ne produit plus de légumes; & dans les pays où on n'en cultive point en plein champ, il sera donné du riz pendant toute la campagne. Le Général aura attention d'obliger les Entrepreneurs à le fournir aussi régulièrement que le pain.

TITRE XXXI.
Des Fourrages.

ARTICLE PREMIER.

IL fera défendu, une fois pour toute la campagne, à tout Soldat, Cavalier, Dragon, Vivandier & Valet, à qui qu'il puiffe appartenir, d'aller au fourrage furtivement, & en particulier, foit de jour, foit de nuit. Les Gardes auront ordre de les arrêter. La même chofe fera confignée à toutes les Sentinelles du camp du quartier général: les détachemens de la Prévôté, ainfi que les patrouilles de la Cavalerie qui fe promèneront autour du camp, auront le même ordre.

2.

CEUX qui feront pris allant ou revenant de ces fourrages clandeftins, feront conduits au Prévôt, qui en rendra compte au Major général, ou au Maréchal général des logis de la Cavalerie, fuivant le corps dont ils feront, & recevra leurs ordres pour les faire punir à la tête de leurs régimens, ou au quartier général par les Caporaux de la Prévôté.

3.

IL fera outre cela payé par le Capitaine ou Commandant de la compagnie dont fera le Soldat, Cavalier ou Dragon, ou par le Maître à qui appartiendra le Valet, ou par le Vivandier, trois livres pour chaque cheval arrêté, avant qu'il lui foit rendu.

4.

CES trois livres feront données au détachement ou garde qui l'aura arrêté.

5.

POUR ôter tout prétexte de chercher à enfreindre la défenfe d'aller au fourrage fans ordre, l'État-major de l'armée fera exact à faire fournir la fubfiftance des chevaux,

& à indiquer des fourrages lorsque le terme pour lequel on leur aura ordonné de fourrager sera expiré.

6.

L'ORSQU'IL y aura un fourrage commandé, il sera consigné la veille au soir, aux Sentinelles de chaque escadron, de ne laisser sortir aucun Domestique ou Vivandier avec des chevaux, sans la permission du Capitaine de piquet.

7.

LES Officiers de piquet monteront à cheval au point du jour, & se promèneront autour du camp de leur brigade, pour voir si les Sentinelles feront leur devoir, & ils feront mettre des vedettes d'augmentation s'ils le jugent nécessaire.

8.

SOIT que le fourrage se fasse au vert ou au sec, on règlera le nombre des trousses qui sera donné par bataillon, relativement à l'espèce des fourrages, au nombre des chevaux, ou à la quantité de jours pour lesquels le fourrage sera ordonné. Le nombre de trousses sera spécifié dans les billets envoyés par le Maréchal général des logis de la Cavalerie pour indiquer le fourrage.

9.

AVANT que les Fourrageurs partent du camp, le Quartier-maître de chaque régiment, comptera les chevaux, & renverra tous ceux qui passeront le nombre ordonné.

10.

IL verra en même temps si aucun Valet n'est parti avant l'heure marquée, & il en rendra compte au Major qui les fera arrêter au retour.

11.

LORSQUE le fourrage sera ordonné comme fourrage général pour l'aile, la brigade ou le régiment, il y marchera tous les Cavaliers & Valets dont les chevaux seront en état, conduits par les Officiers supérieurs du régiment, & par tous les Capitaines & Officiers subalternes des compagnies qui ne seront pas de service actuel.

L'escorte

169

L'escorte sera composée de deux Cavaliers armés par
compagnie, commandés par un Porte-étendard. Les Cavaliers
de ces escouades, porteront avec eux chacun une pelle ou
pioche pour ouvrir des communications, si cela étoit nécessaire.

12.

LORSQUE le fourrage ne sera ordonné que pour deux
jours, il y marchera un Officier supérieur par régiment, &
seulement un Officier subalterne par compagnie.

L'escorte sera composée de deux escouades, commandées
de même par un Porte-étendard, & avec des outils, comme
il est dit dans l'article précédent.

Le Quartier-maître marchera à tous les fourrages, & il y
sera commandé des Maréchaux, qui porteront avec eux des
fers, clous, outils, &c.

13.

LES Cavaliers porteront toujours aux fourrages leur
mousqueton à la grenadière.

14.

LES Officiers supérieurs feront assembler les Fourrageurs
de leurs brigades & régimens à l'heure ordonnée, & les
conduiront au rendez-vous général de l'aile ; ou si la brigade
ou régiment fourrageoit particulièrement, au lieu qui leur
aura été marqué pour la faire fourrager.

15.

LES Fourrageurs marcheront par compagnie, leurs Officiers
à leur tête, ayant leurs faux armées, deux à deux ou quatre
à quatre, ainsi qu'il sera ordonné. Les Valets marcheront
avec les compagnies auxquelles leurs Maîtres sont attachés,
à la suite des Cavaliers, dans le même ordre & sur le même
front qu'eux.

Les Officiers empêcheront qu'il ne se mêle avec leur
compagnie aucun Cavalier, Dragon ou Valet d'un autre
régiment.

u u

16.

LES Officiers commandant les escortes, ne pourront mener avec eux que chacun un Valet monté; leurs autres Valets devant être compris dans le nombre des Fourrageurs de leur régiment.

17.

LORSQUE les Fourrageurs seront arrivés sur le terrein où l'on devra fourrager, les Officiers d'escorte entoureront de Vedettes celui qui leur sera désigné pour leur régiment & brigade.

On observera de ne donner de terrein à chaque régiment que celui absolument nécessaire, & plutôt trop petit que trop grand, étant très-aisé de suppléer à ce qui pourroit manquer; au lieu que lorsque le terrein marqué est trop grand, il y a toujours nécessairement beaucoup de fourrage gaspillé.

18.

LES Vedettes étant placées, les Fourrageurs mettront pied à terre, laisseront leurs chevaux rassemblés en dehors de l'enceinte, pour ne pas gâter le fourrage; poseront leurs mousquetons ensemble près de leurs chevaux, & les Faucheurs entreront dans le terrein qui leur sera marqué, & le faucheront sans perdre de temps, observant de faucher bas, & sans rien laisser sur pied.

19.

ILS feront ensuite diligemment leurs trousses, iront chercher leurs chevaux, & à mesure qu'ils les auront chargés, ils se mettront en file, & retourneront au camp sans s'attendre les uns les autres, & sans s'écarter du chemin qui leur aura été prescrit. Les Officiers des compagnies veilleront à ce que cela s'exécute, & feront l'arrière-garde de leurs compagnies.

20.

LES Officiers supérieurs, ceux des compagnies & le Quartier-maître, empêcheront qu'aucun Fourrageur ne perde

171

de temps à faire & à charger sa trousse. Le Porte-étendard
sera avec l'escorte, l'arrière-garde des Fourrageurs de son
régiment ou brigade.

21.

L'Officier supérieur de chaque régiment aura toujours
un Trompette avec lui : il avertira les Fourrageurs de sa
brigade, de la sonnerie à laquelle ils devront se rassembler
& regagner leurs chevaux. Ils y reviendront aussi, si le
fourrage étoit attaqué. Le Porte-étendard avec l'escorte, les
couvrira & leur prescrira, suivant les circonstances, s'ils
doivent se retirer ou achever le fourrage.

22.

Lorsque le fourrage se fera au sec, le Quartier-maître,
ou à son défaut un Porte-étendard, les Fourriers & les petites
escortes prescrites à l'*article 11,* aux ordres d'un Capitaine
par régiment, se rendront dans les villages où l'on devra
fourrager.

23.

Ces Officiers marqueront un nombre suffisant de maisons
pour chaque brigade, régiment & escadron.

24.

Ils mettront un Cavalier à chaque maison, pour y
servir de sauvegarde pendant le temps du fourrage.

25.

Ils feront numéroter toutes les granges, & les répartiront
entre les brigades, régimens & escadrons ; & ils feront écrire
sur la porte le nom des régimens ou escadrons, & des
compagnies de ces escadrons qui devront fourrager dans
chacune, afin que chacun puisse savoir celle qui lui est
destinée ; & qu'en cas de désordre, on puisse connoître par
qui il aura été commis.

Les Officiers tiendront à cet effet un contrôle des maisons,
de leur numéro, & de la compagnie à laquelle elles seront
destinées.

26.

S'ILS en ont le temps, ils feront fortir hors du village, par les habitans du lieu, la quantité de fourrage nécessaire pour le nombre de Troupes ordonnées.

27.

LES Fourrageurs feront conduits au fourrage au fec, par le même nombre d'Officiers, & la même efcorte qu'au fourrage au vert.

28.

LORSQUE la colonne des Fourrageurs arrivera, les Officiers iront au-devant d'elle, avec les Fourriers qu'ils auront avec eux; ils feront laiffer leurs chevaux en dehors du village, & feront conduire par ces Fourriers, les Cavaliers & les Valets aux granges marquées pour chaque efcadron & compagnie, pour y faire leurs trouffes.

29.

IL fera expreffément défendu aux Fourrageurs, d'entrer dans les maifons, ni ailleurs que dans les granges ou greniers; de faire des ouvertures aux toits & murailles, d'entrer dans les jardins, ni de faire aucune autre efpèce de dégât.

30.

LORSQUE les trouffes feront faites, les Cavaliers & Valets iront chercher leurs chevaux pour les charger, & à mefure qu'ils le feront, ils fe mettront en file fans s'attendre, & regagneront en droiture le camp.

31.

LES Capitaines avec les petites efcortes, feront l'arrière-garde des Fourrageurs de leurs régimens, & répondront de ceux qui refteront derrière, & du défordre qui fera commis par eux.

32.

EN cas d'alarme, on exécutera ce qui eft prefcrit ci-deffus, *article 21.*

33.

APRÈS le départ des Fourrageurs, le plus ancien Capitaine
de

de chaque brigade sera tenu de se faire donner par le Bour-   ———
guemeftre ou Principal du lieu, un certificat atteftant qu'il   TIT. XXXI.
ne s'eft commis aucun dommage.

34.

S'IL eft porté des plaintes, les brigades qui ne feront pas
munies de ces certificats, en feront refponfables, & payeront
le dégât.

35.

SI par violence ou par crainte, ces Officiers exigeoient
ces certificats du Bourguemeftre d'un village, quoiqu'il s'y
fût commis du défordre; fur la plainte qui en feroit portée,
le Maréchal général des logis de la Cavalerie feroit arrêter
l'Officier, & fi elle fe trouvoit fondée, il en feroit rendu
compte au Général: l'Officier feroit caffé, & le défordre
payé par le régiment qui l'auroit commis.

36.

LES Officiers des compagnies & ceux commandés pour
l'efcorte des Fourrageurs, tiendront la main à ce qu'ils
n'entrent dans aucun lieu où il y aura des fauvegardes, &
à ce qu'on ne fourrage aucun château, abbaye ou maifon
religieufe, fans un ordre exprés du Général; à moins qu'ils
ne fe trouvent indiqués expreffément par les Officiers de
l'État-major de l'armée.

37.

TOUT Fourrageur qui aura devancé ceux de fon régiment, qui s'en féparera, ou qui contreviendra à ce qui eft
prefcrit ci-deffus, fera arrêté & conduit au Prévôt, & puni
par les Caporaux de la Prévôté.

38.

TOUTES les fois qu'une aile entière fourragera, un Aide-
maréchal général des logis de la Cavalerie s'y trouvera pour
veiller à ce que tout s'y paffe dans l'ordre prefcrit.

39.

IL fera commandé des détachemens & des Caporaux de

la Prévôté, pour veiller au bon ordre & à la police des fourrages.

40.

CES détachemens feront des patrouilles dans l'enceinte marquée, & principalement dans les villages, & ils arrêteront tous Soldats, Cavaliers, Dragons, Vivandiers ou Valets faisant du désordre.

41.

LORSQU'IL sera arrêté un Soldat, Cavalier, Dragon, Vivandier ou Valet faisant du dégât, ou hors de la colonne des Fourrageurs, ou qui n'aura pas sa faux armée, en allant ou revenant du fourrage, il en sera rendu compte par les Officiers commandant les escortes à l'Aide-major général ou l'Aide-maréchal général des logis de la Cavalerie, qui les feront punir sur le champ, devant les autres Valets, par les Caporaux de la Prévôté.

42.

LES jours de marche, le fourrage qui se trouvera sur pied dans le camp servira pour ce jour-là.

43.

A cet effet, il sera commandé un nombre de Cavaliers par compagnies, pour marcher avec les campemens pour faucher l'enceinte du camp, avant que les Troupes arrivent ainsi qu'il est expliqué au *Titre VII, article 4.*

44.

LES Majors de campement, veilleront à ce que ce fourrage se fasse sans gaspillage, chaque brigade fourrageant parallèlement au front & à la queue de son camp, & ne prenant du fourrage que pour un jour.

45.

LES fourrages qui se trouveront depuis le front de bandière de la première ligne jusqu'à cent toises en avant, & en arrière jusqu'à soixante-quinze toises, appartiendront aux régimens qui y seront campés, chacun devant leur front; & pour la seconde ligne, ceux depuis soixante-quinze toises en avant de son front de bandière, & cent toises en arrière : Il sera donc de leur intérêt de les ménager, puisque tant qu'ils dureront, ils ne seront pas obligés d'aller au loin au fourrage;

Ils les feront conserver avec soin, & tous les jours ils en couperont pour la consommation de la journée : observant avant de commencer à faucher, de placer des sentinelles, alignées parallèlement au front de bandière, en avant du terrein qu'on devra couper, de faucher en ligne parallèle au front de bandière, & de ne laisser rien perdre.

46.

LORSQUE les chevaux de la Cavalerie, seront envoyés a la pâture, ils y seront conduits & gardés par des escortes commandées par des Officiers & bas Officiers, suivant la quantité de chevaux & la proximité de l'ennemi.

TITRE XXXII.
De l'Entrepôt des Convalescens.

ARTICLE PREMIER.

IL sera établi au commencement de la campagne, un entrepôt pour les Convalescens, dans un lieu sûr & en bon air, à portée des hôpitaux, & sur la communication la plus directe desdits hôpitaux à l'armée.

2.

LE Général nommera un Officier, à son choix, pour y commander, & y maintenir l'ordre & la discipline.

3.

CHAQUE brigade de Cavalerie enverra à cet entrepôt, un Maréchal-des-logis & un Brigadier, pour veiller, sous les ordres de cet Officier, à la police des Convalescens de leur corps, & les conduire à l'armée lorsqu'il leur en donnera l'ordre. On observera qu'un des régimens de la brigade fournisse le Maréchal-des-logis, & l'autre le Brigadier.

4.

TOUS les Convalescens qui sortiront des hôpitaux de l'armée, seront, autant qu'il sera possible, conduits à ces entrepôts par des bas Officiers des Troupes qui seront en garnison dans les places où ces hôpitaux seront établis.

5.

EN y arrivant ils seront répartis régiment par régiment, en escouades commandées par le bas Officier de leur corps.

6.

ILS y vivront au moyen de leur solde, les bas Officiers veilleront exactement à ce qu'ils fassent ordinaire, & à ce qu'ils ne mangent rien de contraire à leur rétablissement.

7.

IL sera observé dans cet entrepôt la même police & discipline que dans un quartier; les convalescens seront sujets à des appels, & ne pourront s'écarter.

8.

LORSQU'IL y aura un nombre de convalescens totalement rétablis, & en état de soutenir les fatigues de la campagne, le Commandant les enverra à l'armée conduits par des bas Officiers.

9.

CES bas Officiers les remettront chacun à leur régiment, & seront responsables des désordres qu'ils pourroient commettre sur la route.

10.

LE Commandant de l'entrepôt tiendra un registre exact de tout ce qui sera fourni aux convalescens en prêt, pain, viande, &c. afin que la retenue puisse en être faite à leurs différens corps.

TITRE XXXIII.

TITRE XXXIII.
Des Partis.

ARTICLE PREMIER.

Nul parti ne pourra sortir de l'armée qu'avec un passeport signé du Général, & cacheté de ses armes.

2.

Le Commandant du parti aura même soin de prendre plusieurs passeports du Général, afin que s'il se trouve obligé de diviser son détachement, il en puisse donner un double à celui qui devra commander la troupe qui en sera séparée; & au bas de ce double, il marquera le nombre d'hommes dont ce second détachement sera composé.

3.

Les partis ne pourront être d'un moindre nombre d'hommes que celui qui sera stipulé par les cartels lorsqu'il y en aura d'établis entre les Puissances belligérantes, auxquels cartels les conducteurs des partis seront tenus de se conformer.

4.

Les effets pris par les partis qui auront été détachés de l'armée, ne pourront être vendus qu'à ladite armée, après que la prise aura été jugée de bonne prise par le Maréchal général des logis de la Cavalerie, s'il est de la Cavalerie ou des Dragons.

5.

Si cependant le parti ne pouvant revenir à l'armée, est obligé de se jeter dans une place, la prise pourra y être vendue à l'encan par le Major de ladite place, après qu'il en aura été dressé procès-verbal, & qu'elle aura été jugée bonne; & en ce cas le Commandant du parti en rapportera un état détaillé & certifié du Major de ladite place.

6.

Les Partisans, à leur retour au camp, s'adresseront au

Maréchal général des logis de la Cavalerie, & lui préſenteront leurs priſes & priſonniers, afin qu'il puiſſe les faire queſtionner, & en rendre compte au Général.

7.

CEUX qui auront vendu dans le plat-pays, les effets prétendus pris ſur les ennemis, ſeront réputés voleurs & punis comme tels; & les particuliers qui auront reçu ou acheté ces effets, ſeront punis comme receleurs.

8.

LORSQUE le Commandant du parti, & les Cavaliers qui le compoſeront, ſeront de la même brigade, la priſe ſera vendue à la tête de la brigade, & la vente faite par le Major de ladite brigade.

9.

SI tout le parti eſt d'un même régiment, la vente ſera faite à la tête de ce régiment par le Major particulier du corps.

10.

SI le Commandant du parti eſt tout ſeul de ſon corps, & que les Cavaliers ſoient d'un même régiment ou d'une même brigade, la vente ſe fera à la tête du régiment ou de la brigade dont ſeront les Cavaliers.

11.

QUAND un Officier ayant paſſeport, aura pris des Cavaliers volontaires de différentes brigades, la vente ſe fera à la tête & par le Major du régiment dont ſera l'Officier.

12.

SI le Partiſan qui aura pris ſur ſon paſſeport des Cavaliers volontaires de différentes brigades, n'eſt point Officier dans l'armée, la vente ſe fera au quartier général.

13.

DANS tous les cas ci-deſſus, les ventes pourront ſe faire au quartier général, avec la permiſſion du Général de l'armée, ſi le Commandant du parti juge qu'elles y ſoient plus avantageuſement faites; auquel cas il s'adreſſera au Maréchal général des logis de la Cavalerie pour la demander.

179

14.

ON ne sera d'autre retenue sur la vente que celle du sou pour livre, au profit du Major qui l'aura faite, lequel sera obligé de payer le Trompette, & de tenir un état des effets vendus & de leur produit.

Il sera également obligé de faire publier à son de trompe, la vente au quartier général ou dans le camp, assez à l'avance pour que les acheteurs puissent s'y trouver.

15.

CHAQUE prise sera partagée comme il suit, entre les Officiers & Cavaliers du parti qui l'aura faite.

16.

LE Partisan, conducteur du parti, de quelque grade qu'il soit, prendra toujours six parts comme chef; s'il est Capitaine il en prendra encore six autres en cette qualité, quatre s'il est Lieutenant ou Sous-lieutenant, deux s'il est Maréchal-des-logis, & une s'il est simple Cavalier.

17.

SI le Partisan n'avoit point d'emploi dans l'armée, & qu'y étant venu d'ailleurs, on lui eût donné un passeport avec des Cavaliers de l'armée pour aller en parti; en ce cas il prendra deux parts, outre les six comme chef, s'il n'est point Officier; & s'il est Officier, il partagera suivant son grade.

18.

QUAND il y aura dix chevaux pris & davantage, le chef du parti aura un cheval de préférence, mais il ne pourra le prétendre, si les chevaux pris sont au-dessous de ce nombre.

19.

LORSQU'IL y aura deux Partisans nommés dans le passeport, ils ne prendront qu'un cheval de préférence, dont le prix sera partagé entr'eux.

20.

SI deux Partisans, ayant chacun un passeport séparé,

Tit. XXXIII. s'étant joints, font une prife enfemble, ils prendront chacun leur part comme s'ils étoient féparés; à l'égard du cheval de préférence ils le partageront enfemble quand il y aura moins de quinze chevaux de pris; & s'il y en a ce nombre ou davantage, ils en prendront chacun un.

21.

LES Officiers ou Maréchaux-des-logis du parti, qui ne le commanderont pas, prendront le nombre des parts ci-deſſus expliqué, qui eſt de ſix pour le Capitaine, quatre pour le Lieutenant ou Sous-lieutenant, deux pour le Maréchal-des-logis & une pour chaque Soldat.

22.

LES guides auront deux parts comme un Maréchal-des-logis.

23.

S'IL y a des Cavaliers bleſſés, qui n'aient pas pu rejoindre lors de la vente de la priſe, leur part reſtera entre les mains du Major du régiment, pour leur être délivrée à leur retour.

24.

SI un Cavalier, revenant de parti, a perdu quelque choſe de ſon armement, habillement ou équipement, le Capitaine lui en fera retenir la valeur ſur ſa part de la priſe qui aura été faite par ledit détachement; hors ce cas la part de chaque Cavalier lui ſera délivrée ſur le champ, ſans aucune retenue.

25.

LA dépouille du priſonnier & ſon argent, appartiendront à celui qui l'aura pris. Si pluſieurs y prétendent, la diſcuſſion ſera jugée par le Commandant du détachement ou parti; & en cas que le fait ne fût pas clair, la dépouille & l'argent ſeront partagés entre ceux qui paroîtront y avoir droit.

TITRE XXXIV.

TITRE XXXIV.
Des Sauvegardes.

ARTICLE PREMIER.

LES Soldats, Cavaliers & Dragons que les Généraux des armées auront établis en sauvegarde, seront respectés comme des sentinelles dans les lieux où ils seront établis.

2.

IL sera défendu à tous Officiers, Cavaliers, Valets, Vivandiers, &c. de faire aucun tort à ceux à qui il aura été accordé des sauvegardes, à peine aux Cavaliers de la vie; & aux Officiers de répondre en leur propre & privé nom des dommages & intérêts qui auront été soufferts.

3.

LES Majors des régimens tiendront un état exact des Cavaliers qui seront envoyés aux sauvegardes, des lieux où chacun d'eux sera envoyé, du jour de leur départ, & de celui de leur retour.

4.

LE pain, la viande, & le prêt des Cavaliers envoyés en sauvegarde, appartiendront à leur chambrée, pendant le temps qu'ils seront absens.

5.

LES Cavaliers envoyés en sauvegarde, recevront, pendant les quinze premiers jours qu'ils y seront, la totalité de ce qui devra être payé chaque jour pour eux personnellement dans les lieux où ils seront établis; mais au-delà de ces quinze jours, ils ne recevront que la moitié de ce bénéfice, l'autre moitié sera retenue, pour être partagée entr'eux & les autres Cavaliers de leur compagnie, à la fin de la campagne.

6.

LES Majors des régimens auront soin de demander le retour des sauvegardes qu'ils auront fournies, quand les habitans

des lieux où ces fauvegardes auront été établies, ne les ramèneront pas exactement à la fin du temps pour lequel elles leur
auront été accordées, ou lorfque les armées s'éloigneront
defdits lieux à la diftance de fix heures de chemin.

7.

LES habitans feront refponfables des violences qui pourront
être faites aux fauvegardes qui leur auront été accordées,
& tenus en ce cas, des dédommagemens qu'il appartiendra;
ils le feront de même fi le Cavalier défertoit en fauvegarde.

8.

LE Maréchal général des logis de la Cavalerie demandera,
à tour de rôle, à chaque brigade, les Cavaliers néceffaires
pour aller en fauvegarde, & il en tiendra un état particulier.

Les Majors des brigades feront fournir alternativement par
les régimens qui les compoferont, les fauvegardes qui leur
feront demandées par le Maréchal général des logis de la
Cavalerie.

9.

LE contenu des articles ci-deffus, fera notifié exactement,
tant aux Cavaliers qui feront envoyés en fauvegarde, qu'aux
perfonnes qui les demanderont, afin que nul n'en puiffe
prétendre caufe d'ignorance.

TITRE XXXV.

Des Honneurs Militaires.

ARTICLE PREMIER.

LORSQUE Sa Majefté fe trouvera à l'armée, & que les
Troupes de fa Maifon ne fe trouveront pas près de fa
Perfonne, il lui fera fourni une garde, compofée d'un batail-
lon ou d'un efcadron.

Cet efcadron fera toujours l'efcadron Meftre-de-camp,
commandé par le Meftre-de-camp commandant; il fera fourni

183

le premier jour par le plus ancien régiment de l'armée, & sera relevé successivement par les premiers escadrons de tous les régimens, en suivant leur ancienneté.

2.

TOUTES les autres gardes d'honneur à l'armée, devront être fournies par l'Infanterie.

3.

A l'égard des honneurs & prérogatives dûs aux Colonels généraux, ainsi qu'aux Mestres-de-camp généraux de la Cavalerie & des Dragons, & au Commissaire général de la Cavalerie; l'intention de Sa Majesté est que toutes ses Troupes à cheval se conforment à l'usage suivi, jusqu'à ce qu'elle ait fixé définitivement, par une ordonnance particulière, les droits, honneurs & prérogatives qui doivent être attribués à leurs charges.

TITRE XXXVI.
Des honneurs Funèbres.

ARTICLE PREMIER.

LORSQU'UN Maréchal de France mourra à l'armée, il sera tiré un coup de canon de demi-heure en demi-heure, jusqu'au départ de son convoi.

2.

TOUTE l'armée prendra les armes, & se tiendra en bataille pendant la marche du convoi qui sera précédé par la plus ancienne brigade de Cavalerie & d'Infanterie, ayant à leur tête douze pièces de canon de campagne.

3.

LORSQUE le corps sera mis en terre ou déposé, il sera fait trois décharges de douze pièces de canon & de la mousqueterie des Troupes, finissant par celles qui auront marché au convoi, lesquelles feront la dernière en défilant devant la porte de l'église.

4.

SI le corps d'un Maréchal de France mort à l'armée, étoit transporté dans une place frontière, il lui seroit donné pour escorte jusqu'à ladite place, le plus ancien régiment d'Infanterie & le plus ancien régiment de Cavalerie : toute l'armée prendroit les armes au départ du convoi ; & dans les quartiers & places par lesquelles il passeroit, il lui seroit rendu les mêmes honneurs qui lui étoient dûs de son vivant.

5.

POUR un Lieutenant général commandant l'armée en chef, il sera tiré un coup de canon de demi-heure en demi-heure jusqu'au départ du convoi.

6.

TOUTE l'armée prendra les armes, & se tiendra en bataille pendant la marche du convoi qui sera précédé par le plus ancien régiment de Cavalerie & d'Infanterie, ayant à leur tête cinq pièces de canon de campagne.

7.

IL sera fait au moment de sa sépulture, trois décharges de cinq pièces de canon, & de la mousqueterie des Troupes, finissant par celles du convoi qui feront la dernière en défilant.

8.

POUR un Maréchal-de-camp commandant un corps de troupes en chef, toute l'armée prendra les armes, & se tiendra en bataille pendant la marche du convoi, qui sera précédé par un escadron & un bataillon du plus ancien régiment de Cavalerie & d'Infanterie ; & il sera fait trois décharges générales de la mousqueterie des Troupes qui finiront comme il a été dit par celles du convoi.

Si le corps d'un Lieutenant général ou Maréchal-de-camp commandant en chef un corps de Troupes, étoit transporté, il en seroit usé comme il a été prescrit ci-dessus *article 4 ;* excepté qu'il ne marcheroit qu'un bataillon & un escadron, pour le convoi du Lieutenant général ; & une compagie seulement

185

seulement d'Infanterie & de Cavalerie, pour celui du
Maréchal-de-camp.

9.

POUR le Colonel général de la Cavalerie, la première
brigade de Cavalerie marchera à son convoi, & tous les
piquets de Cavalerie.

Pour le Mestre-de-camp général, la seconde brigade de
Cavalerie, & tous les piquets de la Cavalerie.

Pour le Commissaire général, la troisième brigade de
Cavalerie de l'armée, & tous les piquets de la Cavalerie.

10.

SI le corps du Colonel général de la Cavalerie, mort à
l'armée, étoit transporté dans une place frontière, il seroit
conduit jusques hors du camp par les troupes qui auroient
dû marcher à son convoi; mais lorsqu'elles seroient arrivées aux
gardes, elles rentreroient, & le corps seroit seulement escorté
jusques à la dite place, par le premier régiment de Cavalerie
de l'armée; & dans les quartiers & places par lesquelles il
passeroit, il lui seroit rendu les honneurs qui lui étoient dûs
de son vivant.

Il en seroit usé de même pour le corps du Mestre-de-camp ou
Commissaire général, excepté que le premier ne seroit escorté
que par le second régiment de Cavalerie, & le Commissaire
général par le troisième, à moins que le leur ne se trouvât
dans l'armée, auquel cas ce seroit eux qui formeroient leurs
escortes, quelque rang qu'ils y eussent.

11.

POUR un Lieutenant général employé à l'armée, un
détachement de quatre escouades, commandé par un Capitaine, un Lieutenant ou Sous-lieutenant, prendra les armes,
marchera avec le convoi, & fera trois décharges.

12.

POUR un Maréchal-de-camp, un détachement de même
force par brigade prendra les armes, marchera au convoi,
& fera trois décharges.

a a a

13.

POUR un brigadier de Cavalerie, s'il est Mestre-de-camp, son régiment entier marchera avec deux détachemens du second régiment de la brigade; & s'il n'a point de régiment on commandera huit détachemens de la brigade, de même composition que ci-dessus; & tout ce qui aura marché fera trois décharges.

14.

POUR un Mestre-de-camp étant à son régiment, le régiment tout entier prendra les armes, & marchera au convoi.

Si le Mestre-de-camp n'étoit pas à son régiment ou qu'il fût réformé, ou par commmission, on commandera six détachemens sans étendard.

15.

POUR un Lieutenant-colonel en pied, il y aura la moitié du régiment par détachemens, avec un étendard.

16.

POUR un Lieutenant colonel, dont le régiment ne sera pas présent ou qui sera réformé, ou par commission, on commandera quatre détachemens sans étendard.

17.

POUR un Major, on commandera trois détachemens.

Pour un Capitaine commandant, deux détachemens.

Pour un Capitaine en second, un détachement.

Pour un Lieutenant ou Sous-lieutenant, un détachement de trois escouades.

Pour un Quartier-maître ou Porte-étendard, un Maréchal-des-logis & deux escouades.

Pour un Fourrier ou Maréchal-des-logis, un Maréchal-des-logis avec une escouade.

Pour un Brigadier, un Brigadier avec une escouade.

Pour un Cavalier, quatre Cavaliers.

Le tout du régiment dont sera le défunt.

187

18.

TOUS les détachemens qui marcheront pour rendre les honneurs funèbres, seront commandés par des Officiers ou bas Officiers du même grade que le défunt, ou à leur défaut par ceux du grade inférieur.

Les Officiers seront commandés pour ces détachemens, au tour du service des gardes d'honneur.

19.

IL en sera de même des Officiers qui devront porter les quatre coins du poêle.

20.

LES troupes qui marcheront aux convois, porteront la platine sous le bras gauche, & seront trois décharges.

21.

IL sera mis, autant qu'il se pourra, des crêpes aux étendards qui marcheront aux convois.

22.

LES crêpes qui seront mis aux étendards des régimens, à la mort de leur Mestre-de-camp, y resteront jusqu'à ce qu'il ait été remplacé.

TITRE XXXVII.
Des Scellés & Inventaires.

ARTICLE PREMIER.

LORSQU'UN Officier de Cavalerie mourra à l'armée ou dans un quartier de cantonnement, le Major du régiment, aussitôt qu'il en sera averti, se transportera à la tente ou au logement du défunt, pour y faire l'inventaire de ses effets & équipages, & pour mettre les scellés sur lesdits effets, s'il ne peut pas en faire l'inventaire dans le moment.

2.

IL remettra lesdits effets aux héritiers, s'il s'en présente qui veuillent acquitter fur le champ les dettes de la fucceffion, finon il en fera fait diligemment la vente à l'encan.

3.

IL ne pourra retenir que le fou pour livre fur le produit de la vente, pour fe dédommager de fes frais; après quoi il acquittera les frais funéraires, les gages des Valets, & ce qui fera dû au régiment, ainfi qu'aux Vivandiers, & Marchands à la fuite de l'armée; bien entendu qu'il conftatera toutes ces dettes, & qu'il tirera des quittances des payemens.

4.

IL gardera entre fes mains, le furplus de l'argent de la fucceffion, avec l'inventaire & les pièces juftificatives des payemens qu'il aura faits, ainfi que les effets qui n'auront pu être vendus, & les papiers, afin de remettre le tout aux héritiers naturels ou à leurs chargés de procuration, defquels il retirera une quittance de décharge en bonne forme, à l'effet de quoi il aura foin d'avertir les parens du défunt.

5.

L'ÉPÉE que portoit ordinairement le défunt, fera mife fur fon cercueil lors de l'enterrement, & elle appartiendra au Major, comme un honoraire, en confidération du foin qu'il aura pris de lui faire rendre les honneurs funebres attribués à fon grade.

6.

SI le prix de cette épée étoit néceffaire pour l'acquit des dettes du défunt, il y feroit employé par préférence.

Si le défunt en avoit difpofé authentiquement avant fa mort, celui en faveur duquel il en auroit difpofé, en mettroit une autre à fa place.

TITRE XXXVIII.

TITRE XXXVIII.

Des Conseils de guerre & Exécutions.

ARTICLE PREMIER.

LORSQU'IL sera nécessaire de tenir le Conseil de guerre à l'armée, le Major du régiment dont sera l'accusé, s'adressera au Maréchal général des logis de la Cavalerie, pour en obtenir la permission du Général de l'armée, & il en avertira le Brigadier.

2.

LES Majors des régimens instruiront les procès de tous les Cavaliers de leur corps, qui sont contrevenus aux Ordonnances militaires, excepté les cas qui seront réservés au Prévôt de l'armée, quand il se trouvera présent pour en prendre connoissance.

3.

CETTE exception doit s'étendre aussi sur les vols & autres délits qui concernent directement l'Artillerie. Tous les Cavaliers qui en seront prévenus devant être jugés à l'armée par les seuls Officiers d'Artillerie, dans un Conseil de guerre qui s'assemblera pour cet effet chez celui qui commandera ladite Artillerie.

4.

LE Commandant de la compagnie dont sera l'accusé, & à son défaut un Officier-major du régiment, rendra sa plainte à celui qui le commandera, pour obtenir qu'il en soit informé, & il ne pourra refuser de la recevoir sans des raisons très-graves, dont en ce cas il informera sur le champ le Général.

5.

LA requête ayant été admise, & remise au Major, il procédera à l'information, à l'interrogatoire de l'accusé, au

b b b

récolement des témoins & à leur confrontation audit accusé;
le tout en fuivant les formalités prefcrites par l'Ordonnance
criminelle du mois d'août 1670, & de manière que la
procédure foit parfaite en deux fois vingt-quatre heures au
plus, à moins qu'il n'y ait des raifons confidérables qui
exigent d'y employer un plus long temps.

6.

LE procès étant en état, le Major en rendra compte au
Commandant du régiment, qui ordonnera fans délai la tenue
du Confeil de guerre.

7.

LE Commandant du régiment nommera les Officiers du
corps qui doivent compofer le Confeil de guerre, lefquels
feront commandés à l'ordre la veille du jour qu'il devra fe
tenir, & feront au moins au nombre de fept, compris le
Préfident.

8.

TOUS les Officiers qui auront été commandés pour le
Confeil de guerre, fe rendront à la tente du Commandant
du régiment, à l'heure de la matinée qui leur aura été prefcrite,
étant à jeun, en bottes; & ils iront enfemble entendre la
Meffe avant de fe mettre en place.

9.

AU retour de la Meffe, le Commandant du régiment
s'étant affis, les autres Juges prendront leurs places alternativement à fa droite & à fa gauche, fuivant leur grade & leur
ancienneté; les Officiers réformés après les Officiers en pied
du même grade.

10.

LE Commiffaire des guerres ayant la police du régiment,
pourra affifter au Confeil de guerre: en ce cas, il fe mettra
à la gauche du Préfident, & pourra repréfenter aux Juges les
Ordonnances relatives au délit dont il fera queftion; mais il
n'y aura pas de voix délibérative.

11.

LE Major s'affeoira vis-à-vis le Préfident, & apportera
les Ordonnances militaires & les informations.

12.

LES Juges étant affis & couverts, après que le Préfident
aura dit le fujet pour lequel le Confeil de guerre fera affemblé,
le Major du régiment fera la lecture de toute la procédure
& de fes conclufions, qu'il fera tenu de figner.

13.

APRÈS la vifite & la lecture entière du procès, le Préfident ordonnera que l'accufé foit amené devant l'affemblée,
où il le fera affeoir fur la fellette, fi les conclufions tendoient
à une peine afflictive, finon l'accufé y comparoîtra debout.

14.

LE Préfident après lui avoir fait prêter ferment de dire
vérité, procédera à fon dernier interrogatoire; chaque Juge
pourra l'interroger à fon tour, & on le fera retirer quand les
interrogatoires feront finis.

15.

L'ACCUSÉ étant forti, le Préfident prendra les voix pour
le jugement.

16.

LE dernier Juge opinera le premier, ainfi de fuite en
remontant jufqu'au Préfident, qui opinera le dernier.

17.

CELUI qui opinera ôtera fon chapeau, & dira à voix
haute, que trouvant l'accufé convaincu, il le condamne à telle
peine ordonnée pour tel crime; ou que le jugeant innocent
il le renvoie abfous; ou fi l'affaire lui paroît douteufe, faute
de preuves, qu'il conclut à un plus amplement informé,
l'accufé reftant en prifon.

18.

A mefure que chaque Juge donnera fon avis, il l'écrira
au bas des conclufions du Major, & le fignera.

19.

L'AVIS le plus doux prévaudra dans les jugemens, si le plus sévère ne l'emporte de deux voix; & l'avis du Président ne sera compté que pour une voix, de même que celui des autres Juges.

20.

L'ACCUSÉ étant jugé, le Major fera dreffer la fentence fuivant les modèles imprimés qui lui auront été envoyés, & tous les Juges figneront au bas, quand bien même ils auroient été d'avis différent de celui qui aura prévalu.

21.

LE Major ira enfuite au lieu où le Prifonnier fera détenu s'il eft renvoyé abfous, il fera mis en liberté auffitôt après que fa fentence lui aura été lûe; s'il eft condamné à mort ou à une peine corporelle, le Major le fera mettre à genoux pendant qu'on lui lira fa fentence. Dans le premier cas, on lui donnera un Confeffeur, & il fera exécuté dans la journée; dans le fecond, il reftera en prifon jufqu'au moment de l'exé-cution de la condamnation.

22 & 23.

DÈS que le jugement aura été rendu, le Major du régiment en avertira le Maréchal général des logis de la Cavalerie, ainfi que de l'heure à laquelle l'exécution devra être faite; afin qu'en ce cas, il y faffe trouver les détachemens que le Général jugera à propos d'y envoyer.

Ces détachemens feront de tel nombre d'efcouades qu'il fera ordonné, & ils feront fournis au tour des corvées armées, les piquets ne devant plus à l'avenir marcher pour affifter aux exécutions.

24.

LE régiment duquel fera le criminel, fera placé au centre du terrein où l'exécution devra fe faire, & les détachemens de l'armée fe placeront à fa droite ou à fa gauche, dans le
même

même ordre qu'ils feront campés, formant le carré, dont une face restera ouverte, si le criminel doit passer par les armes.

25.

LORSQUE l'on amènera le criminel sur le lieu de l'exécution, les Troupes seront sous les armes, les Officiers à leurs postes, les Trompettes sonnant, & il sera publié un ban portant défense, sous peine de la vie, de crier *grâce*.

26.

LE criminel étant arrivé au centre des Troupes, on le fera mettre à genoux, & on lui lira sa sentence à haute voix, après quoi on le conduira au lieu du supplice.

27.

CELUI qui aura été condamné à être pendu, sera passé par les armes au défaut d'Exécuteur; & en ce cas, il en sera fait mention au bas de la sentence.

28.

LORSQU'APRÈS l'exécution, on fera défiler les détachemens devant le mort, ils défileront par la droite ou par la gauche, suivant le chemin qu'ils devront prendre pour retourner à leurs camps, gardant entr'eux le même ordre dans lequel ils auront été placés, & laissant marcher à la tête le régiment dont étoit le criminel.

29.

SI l'on jugeoit à propos de faire assister à l'exécution, les détachemens d'une garnison voisine, ils prendront rang avec ceux de l'armée, suivant celui du plus ancien régiment de la Cavalerie de la garnison, qui sera réputé alors être chef de brigade.

30.

L'EXÉCUTION étant faite, le Major du régiment dans lequel le Conseil de guerre se sera tenu, donnera une copie de la sentence au Maréchal général des logis de la Cavalerie, pour être par lui envoyée au Secrétaire d'État ayant le département de la guerre.

31.

SI le délit pour lequel le Conseil de guerre doit être assemblé, pouvoit souffrir quelque difficulté, à l'occasion de laquelle le Général de l'armée jugeât à propos d'ordonner, qu'au lieu d'être tenu par les seuls Officiers du régiment, il seroit composé de ceux des régimens de la brigade; en ce cas, le Major de la brigade fera tout ce qui est prescrit ci-dessus au Major du régiment, qui enverra seulement un Officier-major pour assister aux informations; & les Officiers des différens régimens de la brigade siégeront entr'eux suivant leur grade & l'ancienneté de leur corps, à l'exception des réformés qui siégeront après tous les Officiers de leur grade qui seront en pied, & prendront rang entr'eux, suivant la date de leurs Commissions, Lettres ou Brevets.

32.

LES régimens Étrangers ayant une justice particulière, jugeront leurs Cavaliers suivant les formes usitées dans leur nation; mais ils seront assujettis à demander, au Maréchal général des logis de la Cavalerie, la permission du Général pour tenir le Conseil de guerre, & à l'informer du jugement, pour avoir celle de le faire exécuter; ils devront aussi avertir leurs Brigadiers.

33.

AUCUN Officier ne sera mis au Conseil de guerre, sans un ordre de Sa Majesté, qui fera savoir ses intentions au Général, sur le compte qui lui sera rendu du délit & de l'information qui en aura été faite.

TITRE XXXIX.

Des Cantonnemens de la fin de la Campagne.

ARTICLE PREMIER.

LORSQUE l'armée sera remise en cantonnemens, personne ne pourra s'établir dans d'autres quartiers que ceux qui lui auront été départis.

195

2.

LA Cavalerie conservera dans ses cantonnemens, le même ordre de bataille qu'elle avoit étant campée.

3.

LA disposition des cantonnemens se fera toujours de manière que la Cavalerie de l'aile droite occupe ceux de la droite; la Cavalerie de l'aile gauche, ceux de la gauche, &c. & que l'ordre des lignes & ailes soit conservé, autant que la position des villages le permettra.

4.

LE service continuera de se faire par aile. Tous les ordres du Général seront adressés au Lieutenant général qui la commandera, près duquel se tiendra le Major de l'aile pour en faire le détail.

5.

LE quartier du Lieutenant général commandant l'aile, sera, autant qu'il sera possible, établi au centre de la première ligne des cantonnemens de son aile.

6.

CHAQUE brigade y enverra un Officier & un Maréchal-des-logis d'ordonnance.

7.

IL sera de même envoyé aux quartiers des Majors des brigades, des Maréchaux-des-logis & Brigadiers d'ordonnance de tous les régimens qui les composent; & au quartier principal de chaque régiment, des Maréchaux-des-logis & Brigadiers d'ordonnance de ces escadrons détachés.

8.

TOUTES ces ordonnances seront montées sur des chevaux de Paysans, & munies de Guides aussi à cheval, pour porter plus diligemment & plus sûrement les ordres dont elles seront chargées.

9.

CES Guides & chevaux seront fournis dans chaque quartier sur les ordres par écrit de l'Officier qui y commandera.

10.

LORSQUE les Aides-maréchaux des logis de l'armée auront distribué à chaque brigade ses quartiers de cantonnement, les Brigadiers & Majors de brigade se les répartiront entre eux, suivant la force de leur brigade, & les distribueront ensuite aux différens régimens dont elles seront composées ; en gardant toujours, comme il a été dit ci-dessus, l'ordre de bataille.

11.

IL sera observé dans ces répartitions, de mettre toujours ensemble les régimens d'une même brigade, les escadrons d'un même régiment, & les compagnies d'un même escadron ; & lorsque ces logemens ne pourront être réunis, ils seront établis du moins le plus à portée qu'il sera possible.

12.

LES Cavaliers des mêmes compagnies, seront mis de même ensemble, ou le plus près les uns des autres qu'il se pourra, dans des maisons ou granges qui seront marquées à cet effet, & on leur donnera le bois & la paille nécessaires.

13.

LES Officiers majors chargés du logement, numéroteront toutes les maisons & granges, & marqueront sur celles destinées pour le Cavalier, le nom de la compagnie, & le nombre d'hommes qu'elles devront loger.

14.

LES Capitaines & Officiers subalternes, logeront dans les quartiers de leur compagnie, afin d'être à portée de les contenir.

15.

LES compagnies de Chevaux-légers & de Chasseurs, seront toujours logées par préférence aux avenues des quartiers de leurs escadrons.

1778.

197
16.

IL sera marqué aux Trompettes, des logemens au centre
du quartier, & le plus à portée qu'il sera possible du logement de l'Officier qui y commandera.

17.

LES bas Officiers veilleront à ce que toutes les selles
& effets des Cavaliers, soient rassemblées dans les chambres,
écuries ou granges qu'ils occuperont, de manière que chacun
puisse retrouver aisément les siens.

18.

LES Cavaliers logeront, autant qu'il se pourra, dans les
chambres sur le devant des maisons, & au rez-de-chaussée,
afin de pouvoir se rassembler plus promptement en cas
d'alarme.

19.

SI l'on est dans un pays où l'usage soit de chauffer les
chambres par des poêles, on fera coucher par préférence
les Cavaliers dans les granges ou greniers; ayant été reconnu
que la chaleur de ces poêles étoit mal saine & pernicieuse.

20.

LE Commandant du quartier y aura le premier logement.

21.

LE Commissaire des guerres ayant la police des Troupes
du quartier, y sera logé immédiatement après le Commandant.

22.

LORSQUE plusieurs brigades se trouveront dans un
même quartier, chaque Brigadier ou Commandant de
brigade, aura un logement de préférence dans le canton
destiné à sa brigade.

23.

EN l'absence du Brigadier, on marquera pour loger son
équipage, une maison pareille à celle du Mestre-de-camp,
qui sera choisie sur toute la brigade.

d d d

24.

LE logement du Major de brigade, sera le plus près qu'il se pourra de celui du Brigadier.

25.

LE Mestre-de-camp-commandant d'un régiment & le Mestre-de-camp en second, auront leur logement de préférence dans le canton de leur régiment.

26.

LE Lieutenant-colonel aura le troisième logement de préférence, après les deux Mestres-de-camp; & le Major le quatrième, après le Lieutenant-colonel; le Quartier-maitre, l'Adjudant & les Porte-étendards, seront toujours logés à portée du Commandant du régiment ou de l'escadron, ainsi que les Trompettes.

27.

LES Officiers auront attention qu'il ne soit fait aucun tort aux habitans, dans leurs maisons, granges, jardins, clos, vignes & prés, à peine de répondre de tous les dégats qui pourroient y être faits, même des accidens de feu.

28.

L'ESCADRON de Chevaux-légers & de Chasseurs sera toujours au quartier principal du régiment.

29.

LE Mestre-de-camp-commandant & le Major, resteront toujours dans le quartier où sera la première compagnie.

30.

LES Troupes n'entreront pas dans leurs quartiers, que le logement n'y soit marqué, & les gardes établies.

31.

LES bans & défenses seront renouvelés, & il sera tenu exactement la main à leur exécution.

32.

IL sera indiqué des limites aux Cavaliers, avec défense de

199

les passer, sous les peines portées par les Ordonnances
contre les déserteurs.

33.

IL leur sera pareillement défendu de sortir de leurs quartiers
avec des chevaux & armes, d'exiger de leurs hôtes le repas
de l'arrivée, ou celui du départ, ni aucune autre chose que
l'ustensile ordinaire.

34.

NUL ne pourra, sous peine de concussion, faire aucune
imposition dans le quartier, ni dans le pays, s'il n'y est expressément autorisé par le Général de l'armée.

35.

PERSONNE ne pourra employer à son usage particulier,
les chevaux ni les voitures des habitans du quartier où il
se trouvera.

36.

LORSQU'IL sera nécessaire d'en faire marcher pour les
ordonnances, pour le service des Troupes, ou pour aider
quelqu'Officier qui en aura réellement besoin, le Commandant du quartier en donnera l'ordre par écrit: lorsqu'il
en sera accordé à quelqu'Officier, ils seront payés au prix
marqué au *Titre de la Discipline & Police dans les armées.*

37.

LE Commandant du quartier y établira une garde pour
veiller à la police, & la Communauté du lieu fournira pour
cette garde, une ou deux chambres au rez-de-chaussée, sur
la place, avec la quantité de bois & de chandelles réglée
par les Ordonnances, suivant le nombre d'hommes dont
cette garde sera composée.

Il sera aussi donné une ou plusieurs écuries, sur la place du
quartier pour le piquet, où il puisse être rassemblé, & quelques
chambres pour les Cavaliers, à qui il sera fourni de même
du bois & de la lumière.

38.

IL désignera un ou plusieurs emplacemens, suivant

l'étendue du quartier, pour l'assemblée des Troupes, en cas d'alarme.

39.

SI le quartier se trouve à portée de l'ennemi, & qu'il soit trop étendu, relativement au nombre de ses Troupes, il n'en occupera que la partie la plus à portée de sa retraite.

40.

IL fera fermer tous les chemins & avenues par lesquels l'ennemi pourroit venir à lui, par des chariots dont on attachera les flèches ensemble, de façon qu'elles ne puissent être que difficilement séparées.

41.

IL établira de petits postes à pied à ces barrières, & autres endroits qu'il jugera nécessaires.

42.

CES gardes se communiqueront entr'elles par une chaîne de Sentinelles, qu'on aura soin de poster toujours dans des endroits couverts, comme fossés, haies, jardins, &c. & qui observeront avec soin tout ce qui se passera au dehors, & ce qui entrera ou sortira.

43.

LE Commandant du quartier reconnoîtra ensuite en arrière du village, une hauteur ou autre position avantageuse, où il puisse rassembler sa troupe, en cas d'attaque.

44.

IL aura soin de mener les Troupes sur ce terrein, afin que les Officiers & Cavaliers soient parfaitement instruits du poste qu'ils devront occuper.

45.

LES compagnies de Chevaux-légers ou de Chasseurs, ne feront point d'autre service dans les quartiers, que les détachemens & patrouilles.

46.

ON fera fournir aux gardes qui feront établies aux barrières,

redoutes

201

redoutes ou autre espéce de postes en dehors du village, du
bois pour se chauffer, & quelques perches & travers, avec
de la paille, pour y faire des abri-vents.

47.

SI les habitans du lieu ne peuvent fournir le bois nécessaire
pour la cuisine des Cavaliers & pour le feu des gardes, on en
fera couper aux Cavaliers, qui y feront conduits à cet effet
avec une escorte armée.

48.

LE Mestre-de-camp d'un régiment, & le Lieutenant-colonel
ou Major, en son absence, en commanderont toutes les compagnies, quoique séparées en différens quartiers.

49.

TOUT Capitaine qui se trouvera commander par accident
un régiment ou un escadron, dont les compagnies seront
divisées, restera en résidence au quartier de sa compagnie.

50.

IL se fera rendre compte de ce qui se passera dans les
autres quartiers du régiment, & y enverra les ordres qu'il
jugera nécessaires pour la discipline générale du corps; sans
cependant rien changer aux dispositions qui auront été faites
par le Mestre-de-camp, le Lieutenant-colonel ou le Major.

51.

IL visitera de temps en temps lesdits quartiers, & il commandera dans tous ceux où il se trouvera.

52.

LES ordres concernant le régiment ou l'escadron étant
adressés au quartier de l'État-Major, seront ouverts en l'absence du Commandant par l'Officier chargé du détail qui
s'y trouvera, lequel enverra audit Commandant pour pourvoir à leur exécution, à moins qu'ils ne fussent pressés,
auquel cas il les fera passer tout de suite à ceux qu'ils concerneront, & en rendra compte aussitôt au Commandant du

e e e

régiment ou de l'escadron en quelque quartier qu'il se trouve.

53.

LES Majors resteront toujours dans le quartier où sera la première compagnie de leur régiment; mais ils visiteront fréquemment les autres quartiers pour veiller à la discipline, tenue, & exercice des escadrons qui y seront détachés.

54.

L'ÉCONOMIE dans la consommation des fourrages étant extrêmement importante, les Commandans des corps & des quartiers feront exécuter avec la plus grande exactitude, les instructions qui leur seront données à ce sujet, suivant les circonstances.

55.

IL sera observé dans tous les cantonnemens la même discipline qu'au camp, & les Officiers qui y commanderont seront responsables de tous les dégats & dommages qui pourront s'y commettre.

56.

IL sera envoyé par le Prévôt de l'armée au quartier du Lieutenant général commandant l'aile, un certain nombre de Vivandiers du quartier général, qui recevront une ration d'Infanterie par cheval, sur l'ordre signé du Maréchal général des logis de la Cavalerie, dans lequel sera spécifié le nombre des chevaux qu'il leur sera permis d'avoir.

57.

LORSQUE l'armée séjournera plusieurs jours dans ses cantonnemens, soit à la fin, soit au commencement de la campagne; les Commandans des régimens feront observer pour la police & manœuvres tout ce qui est prescrit au *Titre IV. des cantonnemens d'entrée de campagne.*

58.

QUAND les armées du Roi seront envoyées en quartier d'hiver, les troupes y seront placées, conformément à l'ordre de bataille, sans aucune acception de faveur & de préférence,

les troupes de la droite à la droite, & celles de la gauche
à la gauche, &c. & les régimens des mêmes brigades,
mis à portée les uns des autres. Cette disposition étant la plus
favorable, soit pour opérer l'hiver & entreprendre sur l'ennemi, si l'occasion s'en présentoit, ou pour se rassembler
promptement, & s'opposer aux entreprises qu'il pourroit
former.

TITRE XL.
Des Revues de la fin de la Campagne.

ARTICLE PREMIER.

AVANT que l'armée se sépare pour aller dans des cantonnemens, ou prendre ses quartiers d'hiver, il sera fait une
revue des régimens par les Officiers généraux que Sa Majesté
nommera à cet effet.

2.

ILS se feront rendre compte de la quantité de recrues
dont ils auront besoin, & des mesures qui auront été
prises par les Commandans des régimens, pour s'en procurer
le nombre nécessaire.

3.

ILS constateront aussi les effets d'habillement, d'équipement & d'armement qui devront être remplacés.

4.

ILS feront dresser des états détaillés de tous ces différens
objets, ils en laisseront un, qu'ils signeront, aux Commandans des corps, & en prendront un signé d'eux & du Conseil
d'administration, qu'ils enverront au Secrétaire d'État ayant
le département de la guerre.

5.

ILS examineront la tenue des régimens, & s'il a été veillé
pendant la campagne à la conservation de tous les effets &
ustensiles que le Roi leur aura fait délivrer avant d'y entrer.

6.

IL fera obfervé par les Troupes, lors de ces revues, ce qui eft prefcrit à *l'article 8* du *Titre II, des Revues d'entrée de Campagne.*

TITRE XLI.
Des Siéges.

ARTICLE PREMIER.

LA Cavalerie portera la fafcine dans les Siéges, lorfque cela lui fera ordonné.

2.

LES régimens qui feront commandés pour la porter, y marcheront tous entiers, armés en guerre, & conduits par leurs Meftres-de-camp, & tous les Officiers fupérieurs & fubalternes.

3.

ILS iront prendre les fafcines au lieu qui leur aura été marqué, & tous les Officiers & Cavaliers, fans diftinction, en prendront chacun une ou deux, fuivant leur groffeur, & la porteront au lieu qui leur aura été indiqué.

4.

APRÈS les y avoir dépofées, ils rentreront en ordre dans leur camp, les Officiers fupérieurs fe retirant les derniers.

5.

LORSQUE le Général jugera à propos de faire monter la tranchée à des détachemens de Chevaux-légers, ils y marcheront, & feront placés après les compagnies de Grenadiers & Chaffeurs.

6.

LA compagnie de Chevaux-légers de chaque régiment, formée ainfi qu'il a été expliqué au *Titre 6*, fera employée à ce fervice.

TITRE XLII.

TITRE XLII.
Des Camps de Paix & d'Exercices.

ARTICLE PREMIER.

LES Troupes se conformeront sur tous les points de service, de discipline & police, à ce qui est prescrit dans le présent Règlement pour lesdites armées.

2.

A l'arrivée des Troupes au camp, on fera battre des bans pour publier les mêmes défenses concernant la chasse, la pêche, les jeux & autres qui doivent être faites dans les camps de guerre, auxquelles on ajoutera celles qui seront ordonnées par le Général commandant le camp.

3.

LES Mestres-de-camp & Commandans des corps ne pourront permettre à aucun Cavalier de passer les gardes ordinaires du camp, sans congés approuvés du Général, & visés par le Maréchal général des logis de la Cavalerie.

4.

S'IL arrivoit qu'on arrêtât aux environs du camp quelque Cavalier qui eût découché sans que son Capitaine en eût averti, le Capitaine sera mis en prison, & payera le désordre fait par le Cavalier arrêté.

5.

EN arrivant au camp, les Officiers des compagnies retireront toutes les balles & autres plombs que les Cavaliers pourront avoir, n'étant permis à aucuns d'eux d'en avoir d'autre que celui qui sera donné pour monter la garde.

6.

LORSQU'ON assemblera les détachemens destinés pour des gardes ordinaires & autres, les Fourriers donneront trois balles à chaque Cavalier commandé pour lesdites gardes, & auront l'attention la plus exacte de les retirer au retour du détachement.

fff

7.

Il fera défendu à tous les Marchands du quartier général, à ceux des villes & villages des environs, de vendre aucune forte de plomb aux Cavaliers, ni même aux Valets des troupes, à peine de cent livres d'amende.

8.

Le Prévôt du camp veillera à la police & difcipline, ainfi qu'il a été ordonné pour les armées, & les Prévôt & autres Officiers de Maréchauffée, dont les réfidences feront dans le voifinage, y concourront avec lui, en arrêtant tous Cavaliers qu'ils rencontreront hors des gardes ou faifant du défordre.

9.

Les Maires, Échevins & habitans des villes & lieux qui feront dans les environs des camps, feront de même arrêter & mettre en prifon tous les Cavaliers qui s'y préfenteront, & en donneront avis au Prévôt du camp, qui les enverra prendre.

10.

Les camps de paix ayant particulièrement pour but l'inftruction des Officiers & les manœuvres générales, il n'y fera jamais exercé moins d'un efcadron à la fois.

11.

Il n'y fera pareillement fait aucun exercice de détail ou de claffes; les Cavaliers ayant dû être inftruits de tous les principes dans les garnifons & quartiers, & aucun régiment ne devant être admis auxdits camps, qu'il ne foit parfaitement inftruit & dreffé.

12.

Les régimens y feront particulièrement habitués à tendre & détendre promptement leur camp; à fe former de même en bataille; à faire des marches vives, & arriver au bout de quelques heures, & fans traîneurs; à paffer rapidement un bois, ravin, ou défilé, & à fe reformer de même; à ne faire enfin que les manœuvres qui fe préfentent le plus fouvent à la guerre.

13.

LORSQUE les régimens auront été exercés ainsi pendant quelques jours, toute la Cavalerie du camp exécutera des ordres de marches & de bataille ; les Officiers généraux formeront les colonnes, les conduiront, feront observer les distances entr'elles, & les déployeront au premier signal, pour se mettre en bataille sur le front ou sur les flancs, dans tous les ordres que le Général jugera à propos de former.

14.

IL sera fait ensuite des détachemens, des fourrages, convois, &c. avec les mêmes précautions qu'à la guerre, les Officiers supérieurs qui les commanderont étant seulement instruits par le Commandant du camp, de l'objet proposé, & restant absolument maîtres des dispositions à faire pour leur exécution, afin de montrer s'ils en sont capables. Le Général leur fera connoître en quoi ils pourroient avoir manqué, & fera rectifier celles qui auroient été mauvaises ou mal exécutés.

15.

SI un régiment ne paroissoit pas pendant la durée du camp apporter assez de célérité, d'ordre & de silence dans ses manœuvres ; s'il n'étoit pas parfaitement instruit de tous les détails & principes d'évolutions, ou qu'il se fût écarté de ceux prescrits par les Règlemens de Sa Majesté ; lorsque les Troupes se sépareront, le Général du camp en avertira le Commandant dudit régiment, pour qu'en rentrant dans ses quartiers il y soit appliqué sans relâche.

TITRE XLIII.
Des Dragons & Hussards.

ARTICLE PREMIER.

LES Dragons étant également destinés à servir à pied & à cheval, se conformeront, suivant l'usage auquel le Général jugera à propos de les employer, au *Règlement de Service de campagne de l'Infanterie ou de la Cavalerie.*

2.

LA forme du camp d'un régiment de Dragons, sera la même que celle d'un régiment de Cavalerie, excepté qu'il aura des faisceaux qui seront placés comme ceux de l'Infanterie.

3.

QUAND un régiment de Dragons se formera ou combattra à pied, la compagnie de Chasseurs tiendra lieu de la compagnie de Grenadiers, & observera tout ce qui est ordonné pour elle dans l'Infanterie.

4.

LORSQUE le Général jugera à propos de se servir des Dragons à pied dans les tranchées ou pour des attaques, ils y marcheront par piquets de quatre escouades chacun, & ils prendront rang immédiatement après les compagnies de Grenadiers & avant les compagnies de Chasseurs.

5.

A l'égard des comptes à rendre aux Officiers de l'État-major général des Dragons, ils se conformeront à ce qui est réglé à ce sujet par les anciennes Ordonnances & décisions particulières de Sa Majesté.

6.

LES Hussards faisant partie de la Cavalerie, se conformeront en tout ce qui comportera leur genre de service, au présent Règlement, & ils s'adresseront au Maréchal général des logis de la Cavalerie, pour toutes les redditions de compte & détails qui le concernent.

A PARIS, DE L'IMPRIMERIE ROYALE. 1778.

www.ingramcontent.com/pod-product-compliance
Lightning Source LLC
Chambersburg PA
CBHW072218270326
41930CB00010B/1900